ŒUVRES

DE

VICTOR HUGO

DE L'ACADÉMIE FRANÇAISE

NOUVELLE ÉDITION, ORNÉE DE VIGNETTES
ET AUGMENTÉE DE « LA LÉGENDE DES SIÈCLES »

POÉSIE
TOME II

ODES ET BALLADES, II — LES ORIENTALES

PARIS
Vᵛᵉ Aᵈʳᵉ HOUSSIAUX, ÉDITEUR
HÉBERT ET Cⁱᵉ, SUCCESSEURS
7, RUE PERRONET, 7

1875

OEUVRES
DE
VICTOR HUGO
POÉSIE

PARIS. — IMPRIMERIE DE E. MARTINET, RUE MIGNON, 2

ŒUVRES
DE
VICTOR HUGO
DE L'ACADÉMIE FRANÇAISE

NOUVELLE ÉDITION, ORNÉE DE VIGNETTES
ET AUGMENTÉE DE « LA LÉGENDE DES SIÈCLES »

POÉSIE
TOME II

ODES ET BALLADES, II — LES ORIENTALES

PARIS
Vᵛᵉ Aᵈʳᵉ HOUSSIAUX, ÉDITEUR
HÉBERT ET Cⁱᵉ, SUCCESSEURS
7, RUE PERRONET, 7

1875

LIVRE CINQUIÈME

1819-1828

> Prend-moy tel que je suy.
> *Devise des Ély.*

PREMIER SOUPIR

> C'est que j'ai rencontré des regards dont la flamme
> Semble avec mes regards ou prier ou mourir,
> Et cette âme, sœur de mon âme,
> Hélas! que j'attendais pour aimer et souffrir.
> ÉMILE DESCHAMPS.

ODE PREMIÈRE

Sois heureuse, ô ma douce amie!
Salue en paix la vie et jouis des beaux jours;
Sur le fleuve du temps mollement endormie,
Laisse les flots suivre leur cours!

Va, le sort te sourit encore ;
Le ciel ne peut vouloir, dissipe tout effroi,
Qu'un jour triste succède à ta joyeuse aurore.
Le ciel doit m'écouter quand pour toi je l'implore.
Notre avenir commun ne pèse que sur moi !

Bientôt tu peux m'être ravie :
Peut-être, loin de toi, demain j'irai languir.
Quoi ! déjà tout est sombre et fatal dans ma vie !
    J'ai dû t'aimer, je dois te fuir !

Puis,—hélas ! sur mon front que le malheur retombe !—
Il faudra qu'à l'absence, à de nouveaux désirs,
    Un sentiment bien doux succombe :
    Tu m'oublieras dans les plaisirs,
    Je me souviendrai dans la tombe !

Oui, je mourrai : déjà ma lyre est en deuil.
Jeune, je m'éteindrai, laissant peu de mémoire,
Sans peur ; puisque de front j'ai contemplé la gloire,
    Je puis voir de près le cercueil.
L'Élysée immortel est près des noirs royaumes,
Et la gloire et la mort ne sont que deux fantômes,
    En habits de fête ou de deuil !

ODE PREMIÈRE

Vis heureuse, ô ma jeune amie !
Jouis en paix de tes beaux jours ;
Sur le fleuve du temps mollement endormie,
Laisse les flots suivre leur cours !

Décembre 1819.

REGRET

Il s'est trouvé parfois, comme pour faire voir
Que du bonheur en nous est encor le pouvoir,
Deux âmes s'élevant sur les plaines du monde,
Toujours l'une pour l'autre existence féconde,
Puissantes à sentir avec un feu pareil,
Double et brûlant rayon né d'un même soleil,
Vivant comme un seul être, intime et pur mélange
Semblables dans leur vol aux deux ailes d'un ange,
Ou telles que des nuits les jumeaux radieux
D'un fraternel éclat illuminent les cieux.
Si l'homme a séparé leur ardeur mutuelle,
C'est alors que l'on voit, et rapide et fidèle,
Chacune, de la foule écartant l'épaisseur,
Traverser l'univers et voler à sa sœur.
     ALFRED DE VIGNY, *Héléna*.

ODE DEUXIEME

Oui, le bonheur bien vite a passé dans ma vie !
On le suit; dans ses bras on se livre au sommeil;
Puis, comme cette vierge aux champs crétois ravie,
  On se voit seul à son réveil.

On le cherche de loin dans l'avenir immense,
On lui crie : « Oh! reviens, compagnon de mes jours! »
Et le plaisir accourt, mais sans remplir l'absence
    De celui qu'on pleure toujours.

Moi, si l'impur plaisir m'offre sa vaine flamme,
Je lui dirai : « Va, fuis, et respecte mon sort :
» Le bonheur a laissé le regret dans mon âme;
    » Mais, toi, tu laisses le remord! »

Pourtant je ne dois point troubler votre délire,
Amis; je veux paraître ignorer les douleurs;
Je souris avec vous, je vous cache ma lyre
    Lorsqu'elle est humide de pleurs!

Chacun de vous peut-être, en son cœur solitaire,
Sous des ris passagers étouffe un long regret;
Hélas! nous souffrons tous ensemble sur la terre,
    Et nous souffrons tous en secret!

Tu n'as qu'une colombe à tes lois asservie;
Tu mets tous tes amours, vierge, dans une fleur.
Mais à quoi bon? La fleur passe comme la vie,
    L'oiseau fuit comme le bonheur!

On est honteux des pleurs; on rougit de ses peines,
Des innocents chagrins, des souvenirs touchants;
Comme si nous n'étions sous les terrestres chaînes
  Que pour la joie et pour les chants!

Hélas! il m'a donc fui sans me laisser de trace,
Mais pour le retenir j'ai fait ce que j'ai pu,
Ce temps où le bonheur brille, et soudain s'efface,
  Comme un soupir interrompu!

        Février 1821.

AU
VALLON DE CHERIZY

—

Factus sum peregrinus... et quæsivi qui simul contristaretur, et non fuit.
Ps. LXVIII.

Perfice gressus meos semitis tuis.
Ps. XVI.

« Je suis devenu voyageur... et j'ai cherché qui
» s'affligerait avec moi, et nul n'est venu. »

« Permets à mes pas de suivre ta trace. »

ODE TROISIÈME

Le voyageur s'assied sous votre ombre immobile,
Beau vallon; triste et seul, il contemple en rêvant
L'oiseau qui fuit l'oiseau, l'eau que souille un reptile,
  Et le jonc qu'agite le vent.

Hélas ! l'homme fuit l'homme ; et souvent avant l'âge
Dans un cœur noble et pur se glisse le malheur ;
Heureux l'humble roseau qu'alors un prompt orage
     En passant brise dans sa fleur !

Cet orage, ô vallon ! le voyageur l'implore.
Déjà las de sa course, il est bien loin encore
     Du terme où ses maux vont finir ;
Il voit devant ses pas, seul pour se soutenir,
Aux rayons nébuleux de sa funèbre aurore,
     Le grand désert de l'avenir !

De dégoûts en dégoûts il va traîner sa vie.
Que lui font ces faux biens qu'un faux orgueil envie ?
Il cherche un cœur fidèle, ami de ses douleurs ;
Mais en vain : nuls secours n'aplaniront sa voie,
Nul parmi les mortels ne rira de sa joie,
     Nul ne pleurera de ses pleurs !

Son sort est l'abandon ; et sa vie isolée
Ressemble au noir cyprès qui croît dans la vallée.
Loin de lui le lis vierge ouvre au jour son bouton ;
Et jamais, égayant son ombre malheureuse,
     Une jeune vigne amoureuse
A ses sombres rameaux n'enlace un vert feston.

Il voit devant ses pas, le grand désert de l'avenir.

ODES ET BALLADES.

ODE TROISIÈME

Avant de gravir la montagne,
Un moment au vallon le voyageur a fui :
Le silence du moins répond à son ennui.
Il est seul dans la foule : ici, douce compagne,
La solitude est avec lui !

Isolés comme lui, mais plus que lui tranquilles,
Arbres, gazons, riants asiles,
Sauvez ce malheureux du regard des humains !
Ruisseaux, livrez vos bords, ouvrez vos flots dociles
A ses pieds qu'a souillés la fange de leurs villes
Et la poudre de leurs chemins !

Ah ! laissez-lui chanter, consolé sous vos ombres,
Ce long songe idéal de nos jours les plus sombres,
La vierge au front si pur, au sourire si beau !
Si pour l'hymen d'un jour c'est en vain qu'il l'appelle,
Laissez du moins rêver à son âme immortelle
L'éternel hymen du tombeau !

La terre ne tient point sa pensée asservie;
Le bel espoir l'enlève au triste souvenir;
Deux ombres désormais dominent sur sa vie :
L'une est dans le passé, l'autre dans l'avenir.

Oh! dis, quand viendras-tu? quel dieu va te conduire,
Être charmant et doux, vers celui que tu plains?
    Astre ami, quand viendras-tu luire,
Comme un soleil nouveau, sur ses jours orphelins?

Il ne t'obtiendra point, chère et noble conquête,
Au prix de ces vertus qu'il ne peut oublier;
Il laisse au gré du vent le jonc courber sa tête;
Il sera le grand chêne, et devant la tempête
    Il saura rompre, et non plier.

Elle approche, il la voit; mais il la voit sans crainte.
    Adieu, flots purs, berceaux épais,
Beau vallon où l'on trouve un écho pour sa plainte,
    Bois heureux où l'on souffre en paix!

Heureux qui peut, au sein du vallon solitaire,
Naître, vivre et mourir dans le champ paternel!
    Il ne connaît rien de la terre,
    Et ne voit jamais que le ciel!

Juillet 1821.

A TOI

Sub umbra alarum tuarum protege me.
Ps. XVI.

« Couvre-moi de l'ombre de tes ailes. »

ODE QUATRIÈME

Lyre longtemps oisive, éveillez-vous encore.
Il se lève, et nos chants le salueront toujours,
  Ce jour que son doux nom décore,
  Ce jour sacré parmi les jours!

A TOI

O vierge ! à mon enfance un dieu t'a révélée,
Belle et pure; et, rêvant mon sort mystérieux,
Comme une blanche étoile aux nuages mêlée,
Dès mes plus jeunes ans je te vis dans mes cieux !

Je te disais alors : « O toi, mon espérance,
» Viens, partage un bonheur qui ne doit pas finir. »
Car de ma vie encor, dans ces jours d'ignorance,
Le passé n'avait point obscurci l'avenir.

Ce doux penchant devint une indomptable flamme,
Et je pleurai ce temps, écoulé sans retour,
     Où la vie était pour mon âme
Le songe d'un enfant que berce un vague amour.

Aujourd'hui, réveillant sa victime endormie,
Sombre, au lieu du bonheur que j'avais tant rêvé,
Devant mes yeux troublés par l'expérience amie,
Avec un rire affreux le malheur s'est levé !

Quand, seul dans cette vie, hélas ! d'écueils semée,
Il faut boire le fiel dont le calice est plein,
     Sans les pleurs de sa bien-aimée
     Que reste-t-il à l'orphelin ?

Si les heureux d'un jour parent de fleurs leurs têtes,
Il fuit, souillé de cendre et vêtu de lambeaux;
    Et pour lui la coupe des fêtes
    Ressemble à l'urne des tombeaux!

Il est chez les vivants comme une lampe éteinte.
Le monde en ses douleurs se plaît à l'exiler;
Seulement vers le ciel il élève sans crainte
Ses yeux chargés de pleurs qui ne peuvent couler.

Mais toi, console-moi, viens, consens à me suivre,
Arrache de mon sein le trait envenimé;
Daigne vivre pour moi, pour toi laisse-moi vivre :
J'ai bien assez souffert, vierge, pour être aimé!

Oh! de ton doux sourire embellis-moi la vie!
Le plus grand des bonheurs est encor dans l'amour.
La lumière à jamais ne me fut point ravie :
Viens, je suis dans la nuit, mais je puis voir le jour!

Mes chants ne cherchent pas une illustre mémoire;
Et, s'il faut me courber sous ce fatal honneur,
Ne crains rien : ton époux ne veut pas que sa gloire
    Retentisse dans son bonheur.

P., II. — 2

Goûtons du chaste hymen le charme solitaire;
Que la félicité nous cache à tous les yeux!
    Le serpent couché sur la terre
N'entend pas deux oiseaux qui volent dans les cieux!

Mais si ma jeune vie, à tant de flots livrée,
Si mon destin douteux t'inspire un juste effroi,
Alors fuis, toi qui fus mon épouse adorée;
    Toi qui fus ma mère, attends-moi.

Bientôt j'irai dormir d'un sommeil sans alarmes,
Heureux si, dans la nuit dont je serai couvert,
Un œil indifférent donne en passant des larmes
A mon luth oublié sur mon tombeau désert!

Toi, que d'aucun revers les coups n'osent atteindre,
Et puisses-tu jamais, gémissant à ton tour,
Ne regretter celui qui mourut sans se plaindre,
    Et qui t'aimait de tant d'amour!

                      Décembre 1821.

LA CHAUVE-SOURIS

> Que me veux-tu ? Un ange planait sur mon cœur, et tu l'as effrayé... Viens donc, je te chanterai des chansons que les esprits des cimetières m'ont apprises.
>
> <div align="right">Mathurin, <i>Bertram.</i></div>

ODE CINQUIÈME

Oui, je te reconnais, je t'ai vu dans mes songes,
Triste oiseau ! mais sur moi vainement tu prolonges
   Les cercles inégaux de ton vol ténébreux ;
Des spectres réveillés porte ailleurs les messages ;
      Va, pour craindre tes noirs présages,
Je ne suis point coupable et ne suis point heureux !

Attends qu'enfin la vierge, à mon sort asservie,
Que le ciel comme un ange envoya dans ma vie,
De ma longue espérance ait couronné l'orgueil;
Alors tu reviendras, troublant la douce fête,
Joyeuse, déployer tes ailes sur ma tête,
    Ainsi que deux voiles de deuil!

Sœur du hibou funèbre et de l'orfraie avide,
Mêlant le houx lugubre au nénufar livide,
Les filles de Satan t'invoquent sans remords;
Fuis l'abri qui me cache et l'air que je respire,
De ton ongle hideux ne touche pas ma lyre,
    De peur de réveiller des morts!

La nuit, quand les démons dansent sous le ciel sombre,
Tu suis le chœur magique en tournoyant dans l'ombre.
L'hymne infernal t'invite au conseil malfaisant.
Fuis! car un doux parfum sort de ces fleurs nouvelles;
    Fuis, il faut à tes mornes ailes
L'air du tombeau natal et la vapeur du sang.

Qui t'amène vers moi? Viens-tu de ces collines
Où la lune s'enfuit sur de blanches ruines?
Son front est, comme toi, sombre dans sa pâleur.
    Tes yeux, dans leur route incertaine,

ODE CINQUIÈME

Ont donc suivi les feux de ma lampe lointaine ?
Attiré par la gloire, ainsi vient le malheur !

Sors-tu de quelque tour qu'habite le Vertige,
Nain bizarre et cruel qui sur les monts voltige,
Prête aux feux du marais leur errante rougeur,
Rit dans l'air, des grands pins courbe en criant les cimes,
Et, chaque soir, rôdant sur le bord des abîmes,
Jette aux vautours du gouffre un pâle voyageur ?

En vain autour de moi ton vol qui se promène
Sème une odeur de tombe et de poussière humaine,
Ton aspect m'importune et ne peut m'effrayer.
Fuis donc, fuis, ou demain je livre aux yeux profanes
Ton corps sombre et velu, tes ailes diaphanes,
Dont le pâtre conteur orne son noir foyer.

Des enfants se joueront de ta dent furieuse ;
Une vierge viendra, tremblante et curieuse,
De son rire craintif t'effrayer à grand bruit ;
Et le jour te verra, dans le ciel exilée,
  A mille oiseaux joyeux mêlée,
D'un vol aveugle et lourd chercher en vain la nuit !

        Avril 1822.

LE NUAGE

> J'erre au hasard, en tous lieux, d'un mouvement
> plus doux que la sphère de la lune.
> SHAKSPEARE.

ODE SIXIÈME

Ce beau nuage, ô vierge! aux hommes est pareil :
Bientôt tu le verras, grondant sur notre tête,
Aux champs de la lumière amasser la tempête,
Et leur rendre en éclairs les rayons du soleil.

Oh! qu'un ange longtemps d'un souffle salutaire
Le soutienne en son vol, tel que l'ont vu tes yeux!
Car, s'il descend vers nous, le nuage des cieux
      N'est plus qu'un brouillard sur la terre.

Vois, pour orner le soir, ce matin il est né.
L'astre géant, fécond en splendeurs inconnues,
Change en cortége ardent l'amas jaloux des nues :
Le génie est plus grand d'envieux couronné!

La tempête qui fuit d'un orage est suivie;
L'âme a peu de beaux jours; mais, dans son ciel obscur,
L'amour, soleil divin, peut dorer d'un feu pur
      Le nuage errant de la vie.

Hélas! ton beau nuage aux hommes est pareil :
Bientôt tu le verras, grondant sur notre tête,
Aux champs de la lumière amasser la tempête,
Et leur rendre en éclairs les rayons du soleil!

                    Avril 1822.

LE CAUCHEMAR

> Oh! j'ai fait un songe!... Il est au-dessus des facultés de l'homme de dire ce qu'était mon songe... L'œil de l'homme n'a jamais vu, l'oreille de l'homme n'a jamais ouï, la main de l'homme ne peut jamais tâter, ni ses sens concevoir, ni sa langue exprimer en paroles ce qu'était mon rêve.
>
> SHAKSPEARE.

ODE SEPTIÈME

Sur mon sein haletant, sur ma tête inclinée,
Écoute, cette nuit il est venu s'asseoir;
Posant sa main de plomb sur mon âme enchaînée,
Dans l'ombre il la montrait, comme une fleur fanée,
    Aux spectres qui naissent le soir.

Ce monstre aux éléments prend vingt formes nouvelles :
Tantôt d'une eau dormante il lève son front bleu ;
Tantôt son rire éclate en rouges étincelles ;
Deux éclairs sont ses yeux, deux flammes sont ses ailes :
    Il vole sur un lac de feu !

Comme d'impurs miroirs, des ténèbres mouvantes
Répètent son image en cercle autour de lui ;
Son front confus se perd dans des vapeurs vivantes ;
Il remplit le sommeil de vagues épouvantes,
    Et laisse à l'âme un long ennui.

Vierge, ton doux repos n'a point de noir mensonge.
La nuit d'un pas léger court sur ton front vermeil.
Jamais jusqu'à ton cœur un rêve affreux ne plonge ;
Et, quand ton âme au ciel s'envole dans un songe,
    Un ange garde ton sommeil !

                      Avril 1822.

LE MATIN

—

Moriturus moriturœ!

ODE HUITIÈME

Le voile du matin sur les monts se déploie;
Vois, un rayon naissant blanchit la vieille tour;
Et déjà dans les cieux s'unit avec amour,
    Ainsi que la gloire à la joie,
Le premier chant des bois aux premiers feux du jour.

Oui, souris à l'éclat dont le ciel se décore !
Tu verras, si demain le cercueil me dévore,
Un soleil aussi beau luire à ton désespoir,
Et les mêmes oiseaux chanter la même aurore,
    Sur mon tombeau muet et noir !

Mais dans l'autre horizon l'âme alors est ravie,
L'avenir sans fin s'ouvre à l'être illimité.
    Au matin de l'éternité,
    On se réveille de la vie,
Comme d'une nuit sombre ou d'un rêve agité !

Avril 1822.

MON ENFANCE

> Voilà que tout cela est passé... Mon enfance n'est plus; elle est morte, pour ainsi dire, quoique je vive encore.
> SAINT AUGUSTIN, *Confessions*.

ODE NEUVIÈME

I

J'ai des rêves de guerre en mon âme inquiète;
J'aurais été soldat, si je n'étais poëte.
Ne vous étonnez point que j'aime les guerriers!
Souvent, pleurant sur eux, dans ma douleur muette,
J'ai trouvé leur cyprès plus beau que nos lauriers.

Enfant, sur un tambour ma crèche fut posée;
Dans un casque pour moi l'eau sainte fut puisée;
Un soldat, m'ombrageant d'un belliqueux faisceau,
De quelque vieux lambeau d'une bannière usée
    Fit les langes de mon berceau.

Parmi les chars poudreux, les armes éclatantes,
Une muse des camps m'emporta sous les tentes;
Je dormis sur l'affût des canons meurtriers;
J'aimai les fiers coursiers aux crinières flottantes,
Et l'éperon froissant les rauques étriers.

J'aimai les forts tonnants aux abords difficiles,
Le glaive nu des chefs guidant les rangs dociles,
La vedette perdue en un bois isolé,
Et les vieux bataillons qui passaient dans les villes
    Avec un drapeau mutilé.

Mon envie admirait et le hussard rapide
Parant de gerbes d'or sa poitrine intrépide,
Et le panache blanc des agiles lanciers,
Et les dragons, mêlant sur leur casque gépide
Le poil taché du tigre aux crins noirs des coursiers.

Et j'accusais mon âge : — « Ah! dans une ombre obscure
» Grandir, vivre! laisser refroidir sans murmure

» Tout ce sang jeune et pur, bouillant chez mes pareils,
» Qui dans un noir combat, sur l'acier d'une armure,
   » Coulerait à flots si vermeils! »

Et j'invoquais la guerre aux scènes effrayantes ;
Je voyais en espoir, dans les plaines bruyantes,
Avec mille rumeurs d'hommes et de chevaux,
Secouant à la fois leurs ailes foudroyantes,
L'un sur l'autre à grands cris fondre deux camps rivaux.

J'entendais le son clair des tremblantes cymbales,
Le roulement des chars, le sifflement des balles,
Et, de monceaux de morts semant leurs pas sanglants,
Je voyais se heurter, au loin, par intervalles,
   Les escadrons étincelants !

II

Avec nos camps vainqueurs, dans l'Europe asservie
J'errai, je parcourus la terre avant la vie ;
Et, tout enfant encor, les vieillards recueillis
M'écoutaient racontant, d'une bouche ravie,
Mes jours si peu nombreux et déjà si remplis !

Chez dix peuples vaincus je passai sans défense,
Et leur respect craintif étonnait mon enfance.
Dans l'âge où l'on est plaint, je semblais protéger.
Quand je balbutiais le nom chéri de France,
    Je faisais pâlir l'étranger.

Je visitai cette île en noirs débris féconde,
Plus tard premier degré d'une chute profonde.
Le haut Cenis, dont l'aigle aime les rocs lointains,
Entendit dans son antre, où l'avalanche gronde,
Ses vieux glaçons crier sous mes pas enfantins.

Vers l'Adige et l'Arno je vins des bords du Rhône;
Je vis de l'Occident l'auguste Babylone,
Rome, toujours vivante au fond de ses tombeaux,
Reine du monde encor sur un débris de trône,
    Avec une pourpre en lambeaux.

Puis Turin, puis Florence aux plaisirs toujours prête,
Naple aux bords embaumés où le printemps s'arrête,
Et que Vésuve en feu couvre d'un dais brûlant,
Comme un guerrier jaloux qui, témoin d'une fête,
Jette au milieu des fleurs son panache sanglant.

L'Espagne m'accueillit, livrée à la conquête;
Je franchis le Bergare, où mugit la tempête;

De loin, pour un tombeau je pris l'Escurial;
Et le triple aqueduc vit s'incliner ma tête
    Devant son front impérial.

Là, je voyais les feux des haltes militaires
Noircir les murs croulants des villes solitaires;
La tente, de l'église envahissait le seuil;
Les rires des soldats, dans les saints monastères,
Par l'écho répétés, semblaient des cris de deuil.

III

Je revins, rapportant de mes courses lointaines
Comme un vague faisceau de lueurs incertaines.
Je rêvais, comme si j'avais, durant mes jours,
Rencontré sur mes pas les magiques fontaines
    Dont l'onde enivre pour toujours.

L'Espagne me montrait ses couvents, ses bastilles;
Burgos, sa cathédrale aux gothiques aiguilles;
Irun, ses toits de bois; Vitoria, ses tours;
Et toi, Valladolid, tes palais de familles,
Fiers de laisser rouiller des chaînes dans leurs cours.

Mes souvenirs germaient dans mon âme échauffée ;
J'allais, chantant des vers d'une voix étouffée ;
Et ma mère, en secret observant tous mes pas,
Pleurait et souriait, disant : « C'est une fée
   » Qui lui parle, et qu'on ne voit pas ! »

1823.

A G..... Y

> O rus !
> VIRGILE.

ODE DIXIÈME

Il est pour tout mortel, soit que, loin de l'envie,
Un astre aux rayons purs illumine sa vie,
Soit qu'il suive à pas lents un cercle de douleurs,
Et, regrettant quelque ombre à son amour ravie,
Veille auprès de sa lampe et répande des pleurs;

A G..... Y

Il est des jours de paix, d'ivresse et de mystère,
Où notre cœur savoure un charme involontaire,
Où l'air vibre, animé d'ineffables accords,
Comme si l'âme heureuse entendait de la terre
Le bruit vague et lointain de la cité des morts.

Souvent ici, domptant mes douleurs étouffées,
Mon bonheur s'éleva comme un château des fées,
Avec ses murs de nacre, aux mobiles couleurs,
Ses tours, ses portes d'or, ses piéges, ses trophées,
Et ses fruits merveilleux et ses magiques fleurs.

Puis soudain tout fuyait : sur d'informes décombres
Tour à tour à mes yeux passaient de pâles ombres;
D'un crêpe nébuleux le ciel était voilé,
Et, de spectres en deuil peuplant ces déserts sombres,
Un tombeau dominait le palais écroulé.

Vallon! j'ai bien souvent laissé dans ta prairie
Comme une eau murmurante errer ma rêverie;
Je n'oublierai jamais ces fugitifs instants;
Ton souvenir sera, dans mon âme attendrie,
Comme un son triste et doux qu'on écoute longtemps.

1823.

PAYSAGE

—

Hoc erat in votis !
HORACE.

ODE ONZIÈME

Lorsque j'étais enfant : « Viens, me disait la Muse,
» Viens voir le beau Génie assis sur mon autel !
» Il n'est dans mes trésors rien que je te refuse,
» Soit que l'altier clairon ou l'humble cornemuse
    » Attendent ton souffle immortel.

» Mais fuis d'un monde étroit l'impure turbulence :
» Là rampent les ingrats, là règnent les méchants.
» Sur un luth inspiré lorsqu'une âme s'élance,
» Il faut que, l'écoutant dans un chaste silence,
   » L'écho lui rende tous ses chants !

» Choisis quelque désert pour y cacher ta vie ;
» Dans une ombre sacrée emporte ton flambeau :
» Heureux qui, loin des pas d'une foule asservie,
» Dérobant ses concerts aux clameurs de l'envie,
   » Lègue sa gloire à son tombeau !

» L'horizon de ton âme est plus haut que la terre ;
» Mais cherche à ta pensée un monde harmonieux,
» Où tout, en l'exaltant, charme ton cœur austère,
» Où des saintes clartés que nulle ombre n'altère
   » Le doux reflet suive tes yeux.

» Qu'il soit un frais vallon, ton paisible royaume,
» Où, parmi l'églantier, le saule et le glaïeul,
» Tu penses voir parfois, errant comme un fantôme,
» Ces magiques palais qui naissent sous le chaume,
   » Dans les beaux contes de l'aïeul.

» Qu'une tour en ruine, aux flancs de la montagne,
» Pende et jette son ombre aux flots d'un lac d'azur ;

ODE ONZIÈME

» Le soir, qu'un feu de pâtre, au fond de la campagne,
» Comme un ami dont l'œil de loin nous accompagne,
     » Perce le crépuscule obscur.

» Quand, guidant sur le lac deux rames vagabondes,
» Le ciel, dans ce miroir, t'offrira ses tableaux,
» Qu'une molle nuée, en déroulant ses ondes,
» Montre à tes yeux, baissés sur les vagues profondes,
     » Des flots se jouant dans les flots.

» Que, visitant parfois une île solitaire
» Et des bords ombragés de feuillages mouvants,
» Tu puisses, savourant ton exil volontaire,
» En silence épier s'il est quelque mystère
     » Dans le bruit des eaux et des vents.

» Qu'à ton réveil joyeux les chants des jeunes mères
» T'annoncent et l'enfance, et la vie, et le jour;
» Qu'un ruisseau passe auprès de tes fleurs éphémères,
» Comme entre les doux soins et les tendres chimères
     » Passent l'espérance et l'amour.

» Qu'il soit dans la contrée un souvenir fidèle
» De quelque bon seigneur, de hauteur dépourvu,
» Ami de l'indigence et toujours aimé d'elle;

» Et que chaque vieillard, le citant pour modèle,
    » Dise : Vous ne l'avez pas vu !

» Loin du monde surtout mon culte te réclame,
» Sois le prophète ardent, qui vit le ciel ouvert,
» Dont l'œil au sein des nuits brillait comme une flamme,
» Et qui, de l'esprit saint ayant rempli son âme,
    » Allait parlant dans le désert ! »

Tu le disais, ô Muse ! Et la cité bruyante
Autour de moi pourtant mêle ses mille voix !
Muse, je ne fuis pas la sphère tournoyante
Où le sort, agitant la foule imprévoyante,
    Meut tant de destins à la fois !

C'est que, pour m'amener au terme où tout aspire,
Il m'est venu du ciel un guide au front joyeux ;
Pour moi l'air le plus pur est l'air qu'elle respire ;
Je vois tous mes bonheurs, Muse, dans son sourire,
    Et tous mes rêves dans ses yeux !

1823.

ENCORE A TOI

> Ahora y siempre.
> *Devise des Pomfret.*

ODE DOUZIÈME

A toi ! toujours à toi! Que chanterait ma lyre ?
A toi l'hymne d'amour ! à toi l'hymne d'hymen !
Quel autre nom pourrait éveiller mon délire ?
Ai-je appris d'autres chants ? sais-je un autre chemin ?

C'est toi dont le regard éclaire ma nuit sombre;
Toi dont l'image luit sur mon sommeil joyeux;
C'est toi qui tiens ma main quand je marche dans l'ombre,
Et les rayons du ciel me viennent de tes yeux!

Mon destin est gardé par ta douce prière :
Elle veille sur moi quand mon ange s'endort;
Lorsque mon cœur entend ta voix modeste et fière,
Au combat de la vie il provoque le sort.

N'est-il pas dans le ciel de voix qui te réclame?
N'es-tu pas une fleur étrangère à nos champs?
Sœur des vierges du ciel, ton âme est pour mon âme
Le reflet de leurs feux et l'écho de leurs chants!

Quand ton œil noir et doux me parle et me contemple,
Quand ta robe m'effleure avec un léger bruit,
Je crois avoir touché quelque voile du temple,
Je dis comme Tobie : Un ange est dans ma nuit!

Lorsque de mes douleurs tu chassas le nuage,
Je compris qu'à ton sort mon sort devait s'unir,
Pareil au saint pasteur, lassé d'un long voyage,
Qui vit vers la fontaine une vierge venir!

ODE DOUZIÈME

Je t'aime comme un être au-dessus de ma vie,
Comme une antique aïeule aux prévoyants discours,
Comme une sœur craintive à mes maux asservie,
Comme un dernier enfant qu'on a dans ses vieux jours.

Hélas! je t'aime tant, qu'à ton nom seul je pleure.
Je pleure, car la vie est si pleine de maux!
Dans ce morne désert tu n'as point de demeure,
Et l'arbre où l'on s'assied lève ailleurs ses rameaux.

Mon Dieu! mettez la paix et la joie auprès d'elle :
Ne troublez pas ses jours, ils sont à vous, Seigneur!
Vous devez la bénir, car son âme fidèle
Demande à la vertu le secret du bonheur.

1823.

SON NOM

Nomen, aut numen.

ODE TREIZIÈME

Le parfum d'un lis pur, l'éclat d'une auréole,
  La dernière rumeur du jour,
La plainte d'un ami qui s'afflige et console,
L'adieu mystérieux de l'heure qui s'envole,
  Le doux bruit d'un baiser d'amour ;

L'écharpe aux sept couleurs que l'orage en la nue
Laisse, comme un trophée, au soleil triomphant;
L'accent inespéré d'une voix inconnue,
Le vœu le plus secret d'une vierge ingénue,
    Le premier rêve d'un enfant;

Le chant d'un chœur lointain, le soupir qu'à l'aurore
    Rendait le fabuleux Memnon,
Le murmure d'un son qui tremble et s'évapore...
Tout ce que la pensée a de plus doux encore,
    O lyre! est moins doux que son nom.

Prononcez-le tout bas, ainsi qu'une prière;
Mais que dans tous nos chants il résonne à la fois!
Qu'il soit du temple obscur la secrète lumière!
Qu'il soit le mot sacré qu'au fond du sanctuaire
    Redit toujours la même voix!

O mes amis! avant qu'en paroles de flamme
    Ma muse, égarant son essor,
Ose aux noms profanés qu'un vain orgueil proclame
Mêler ce chaste nom, que l'amour dans mon âme
    A caché comme un saint trésor,

ODE TREIZIÈME

Il faudra que le chant de mes hymnes fidèles
Soit comme un de ces chants qu'on écoute à genoux,
Et que l'air soit ému de leurs voix solennelles,
Comme si, secouant ses invisibles ailes,
    Un ange passait près de nous !

1823.

ACTIONS DE GRACES

—

> Ceux qui auront semé dans les larmes moissonneront dans l'allégresse.
> SALOMON. Ps. CXXV, 5.

ODE QUATORZIÈME

Vous avez dans le port poussé ma voile errante ;
Ma tige a refleuri de séve et de verdeur ;
Seigneur, je vous bénis ! de ma lampe mourante
Votre souffle vivant rallume la splendeur.

Surpris par l'ouragan comme un aiglon sans ailes
Qui tombe du grand chêne au pied de l'arbrisseau,
Faible enfant, du malheur j'ai su les lois cruelles :
L'orage m'assaillit voguant dans mon berceau.

Oui, la vie a pour moi commencé dès l'enfance,
Quoique le ciel jamais n'ait foudroyé de fleurs,
Et qu'il ne veuille pas qu'un être sans défense
Mêle à ses premiers jours l'amertume des pleurs.

La jeunesse en riant m'apporta ses mensonges,
Son avenir de gloire, et d'amour, et d'orgueil ;
Mais, quand mon cœur brûlant poursuivait ces beaux songes,
Hélas! je m'éveillai dans la nuit d'un cercueil.

Alors je m'exilai du milieu de mes frères.
Calme, car ma douleur n'était pas le remords,
J'accompagnais de loin les pompes funéraires :
L'hymne de l'orphelin est écouté des morts.

L'œil tourné vers le ciel, je marchais dans l'abîme;
Bien souvent, de mon sort bravant l'injuste affront,
Les flammes ont jailli de ma pensée intime,
Et la langue de feu descendit sur mon front.

ODE QUATORZIÈME

Mon esprit de Patmos connut le saint délire,
L'effroi qui le précède, et l'effroi qui le suit ;
Et mon âme était triste, et les chants de ma lyre
Étaient comme ces voix qui pleurent dans la nuit.

J'ai vu sans murmurer la fuite de ma joie,
Seigneur ; à l'abandon vous m'aviez condamné.
J'ai sans plainte au désert tenté la triple voie,
Et je n'ai pas maudit le jour où je suis né.

Voici la vérité qu'au monde je révèle :
Du ciel dans mon néant je me suis souvenu.
Louez Dieu ! la brebis vient quand l'agneau l'appelle ;
J'appelais le Seigneur, le Seigneur est venu.

Il m'a dit : « Va, mon fils, ma loi n'est pas pesante !
» Toi qui dans la nuit même as suivi mes chemins,
» Tu ceindras des heureux la robe éblouissante ;
» Parmi les innocents tu laveras tes mains. »

Je ne veux plus de loin t'offrir ma vie obscure,
Gloire, immortel reflet de l'éternel flambeau,
Du génie en son cours trace éclatante et pure,
Ou rayon merveilleux émané d'un tombeau !

Un ange sur mon cœur ploie aujourd'hui ses ailes :
Pour Elle un orphelin n'est pas un étranger ;
Les heures de mes jours à ses côtés sont belles,
Car son joug est aimable et son fardeau léger.

Vous avez dans le port poussé ma voile errante ;
Ma tige a refleuri de séve et de verdeur ;
Seigneur, je vous bénis ! de ma lampe mourante
Votre souffle vivant rallume la splendeur.

Août 1823.

A MES AMIS

> Oh ! combien est heureux celui qui, solitaire,
> Ne va point mendiant de ce sot populaire
> L'appui ni la faveur; qui, paisible, s'étant
> Retiré de la cour et du monde inconstant,
> Ne s'entremêlant point des affaires publiques,
> Ne s'assujettissant aux plaisirs tyranniques
> D'un seigneur ignorant, et ne vivant qu'à soi
> Est lui-même sa cour, son seigneur et son roi.
>
> JEAN DE LA TAILLE.

ODE QUINZIÈME

Sans monter au char de victoire,
Meurt le poëte créateur ;
Son siècle est trop près de sa gloire
Pour en mesurer la hauteur.

C'est Bélisaire au Capitole :
La foule court à quelque idole,
Et jette en passant une obole
Au mendiant triomphateur.

Amis, dans ma douce retraite,
A tous vos maux je dis adieu.
Là, ma vie est molle et secrète :
J'ai des autels pour chaque dieu.
Le myrte, qu'au laurier j'enchaîne,
Y croît sous l'ombrage du chêne;
J'y mets Horace avec Mécène,
Et Corneille sans Richelieu.

Là, dans l'ombre descend ma muse,
A l'œil fier, aux traits ingénus,
Image éclatante et confuse
Des anges à l'homme inconnus.
Ses rayons cherchent le mystère :
Son aile, chaste et solitaire,
Jamais ne permet à la terre
D'effleurer ses pieds blancs et nus.

Là, je cache un hymen prospère;
Et sur mon seuil hospitalier

Parfois tu t'assieds, ô mon père !
Comme un antique chevalier ;
Ma famille est ton humble empire,
Et mon fils, avec un sourire,
Dort aux sons de ma jeune lyre,
Bercé dans ton vieux bouclier.

Août 1823.

A
L'OMBRE D'UN ENFANT

—

Qui es in cœlis.

ODE SEIZIÈME

Oh! parmi les soleils, les sphères, les étoiles,
Les portiques d'azur, les palais de saphir,
Parmi les saints rayons, parmi les sacrés voiles
    Qu'agite un éternel zéphyr;

Dans le torrent d'amour où toute âme se noie,
Où s'abreuve de feux le séraphin brûlant;
Dans l'orbe flamboyant qui sans cesse tournoie
    Autour du trône étincelant;

Parmi les jeux sans fin des âmes enfantines;
Quand leurs soins, d'un vieil astre égaré dans les cieux,
Avec de longs efforts et des voix argentines,
    Guident les chancelants essieux;

Ou lorsque entre ses bras quelque vierge ravie
Les prend, d'un saint baiser leur imprime le sceau,
Et rit, leur demandant si l'aspect de la vie
    Les effrayait dans leur berceau;

Ou qu'enfin, dans son arche éclatante et profonde,
Rangeant de cieux en cieux son cortége ébloui,
Jésus, pour accomplir ce qui fut dit au monde,
    Les place le plus près de lui;

Oh! dans ce monde auguste où rien n'est éphémère,
Dans ces flots de bonheur que ne trouble aucun fiel,
Enfant, loin du sourire et des pleurs de ta mère,
    N'es-tu pas orphelin au ciel?

                      Octobre 1823.

A UNE JEUNE FILLE

> Pourquoi te plaindre, tendre fille? Tes jours
> n'appartiennent-ils pas à la première jeunesse?
> *Daïno lithuanien.*

ODE DIX-SEPTIÈME

Vous qui ne savez pas combien l'enfance est belle,
Enfant, n'enviez point notre âge de douleurs,
Où le cœur tour à tour est esclave et rebelle,
Où le rire est souvent plus triste que vos pleurs.

Votre âge insouciant est si doux, qu'on l'oublie !
Il passe, comme un souffle au vaste champ des airs,
Comme une voix joyeuse en fuyant affaiblie,
    Comme un alcyon sur les mers.

Oh ! ne vous hâtez point de mûrir vos pensées !
Jouissez du matin, jouissez du printemps ;
Vos heures sont des fleurs l'une à l'autre enlacées ;
Ne les effeuillez pas plus vite que le temps.

Laissez venir les ans ! le destin vous dévoue,
Comme nous, aux regrets, à la fausse amitié,
A ces maux sans espoir que l'orgueil désavoue,
    A ces plaisirs qui font pitié !

Riez pourtant ! du sort ignorez la puissance ;
Riez ! n'attristez pas votre front gracieux,
Votre œil d'azur, miroir de paix et d'innocence,
Qui révèle votre âme et réfléchit les cieux !

                    Février 1825.

AUX RUINES

DE

MONTFORT-L'AMAURY

—

> La voyez-vous croître,
> La tour du vieux cloître;
> Et le grand mur noir
> Du royal manoir?
> ALFRED DE VIGNY.

ODE DIX-HUITIÈME

I

Je vous aime, ô débris! et surtout quand l'automne
Prolonge en vos échos sa plainte monotone.
Sous vos abris croulants je voudrais habiter,
Vieilles tours que le temps l'une vers l'autre incline,

Et qui semblez de loin, sur la haute colline,
    Deux noirs géants prêts à lutter.

Lorsque, d'un pas rêveur foulant les grandes herbes,
Je monte jusqu'à vous, restes forts et superbes,
Je contemple longtemps vos créneaux meurtriers,
Et la tour octogone et ses briques rougies,
Et mon œil, à travers vos brèches élargies,
Voit jouer des enfants où mouraient des guerriers.

Écartez de vos murs ceux que leur chute amuse !
Laissez le seul poëte y conduire sa muse,
Lui qui donne du moins une larme au vieux fort,
Et, si l'air froid des nuits sous vos arceaux murmure,
Croit qu'une ombre a froissé la gigantesque armure
    D'Amaury, comte de Montfort.

II

Là, souvent je m'assieds, aux jours passés fidèle,
Sur un débris qui fut un mur de citadelle.
Je médite longtemps, en mon cœur replié ;
Et la ville, à mes pieds, d'arbres enveloppée,
Étend ses bras en croix et s'allonge en épée,
Comme le fer d'un preux dans la plaine oublié,

Mes yeux errent, du pied de l'antique demeure,
Sur les bois éclairés ou sombres, suivant l'heure,
Sur l'église gothique, hélas! prête à crouler;
Et je vois, dans le champ où la mort nous appelle,
Sous l'arcade de pierre et devant la chapelle,
    Le sol immobile onduler.

Foulant créneaux, ogive, écussons, astragales,
M'attachant comme un lierre aux pierres inégales,
Au faîte des grands murs je m'élève parfois;
Là, je mêle des chants au sifflement des brises;
Et, dans les cieux profonds suivant ses ailes grises,
Jusqu'à l'aigle effrayé j'aime à lancer ma voix!

Là, quelquefois j'entends le luth doux et sévère
D'un ami qui sait rendre aux vieux temps un trouvère.
Nous parlons des héros, du ciel, des chevaliers,
De ces âmes en deuil dans le monde orphelines;
Et le vent qui se brise à l'angle des ruines
    Gémit dans les hauts peupliers!

                              Octobre 1825.

LE VOYAGE

> .... Je veux que mon retour
> Te paraisse bien long. Je veux que nuit et jour
> Tu m'aimes. — Nuit et jour, hélas! je me tourmente! —
> Présente au milieu d'eux, sois seule, sois absente,
> Dors en pensant à moi; rêve-moi près de toi;
> Ne vois que moi sans cesse, et sois toute avec moi!
> André Chénier.

ODE DIX-NEUVIÈME

I

Le cheval fait sonner son harnais qu'il secoue,
Et l'éclair du pavé va jaillir sous la roue :
Il faut partir. Adieu! De ton cœur inquiet
Chasse la crainte amère; adieu! point de faiblesse!

Mais quoi! le char s'ébranle et m'emporte, et te laisse...
Hélas! j'ai cru qu'il t'oubliait!

Oh! suis-le bien longtemps d'une oreille attentive!
Ne t'en va pas avant d'avoir, triste et pensive,
Écouté des coursiers s'évanouir le bruit!
L'un à l'autre déjà l'espace nous dérobe;
Je ne vois plus de loin flotter ta blanche robe,
Et toi, tu n'entends plus rouler le char qui fuit...

Quoi! plus même un vain bruit! plus même une vaine ombre!
L'absence a sur mon âme étendu sa nuit sombre!
C'en est fait! chaque pas m'y plonge plus avant,
Et dans cet autre enfer, plein de douleurs amères,
De tourments insensés, d'angoisses, de chimères,
Me voilà descendu vivant!

II

Que faire maintenant de toutes mes pensées,
De mon front, qui dormait dans tes mains enlacées,
De tout ce que j'entends, de tout ce que je vois?
Que faire de mes maux, sans toi pleins d'amertume,
De mes yeux, dont la flamme à tes regards s'allume,
De ma voix, qui ne sait parler qu'après ta voix?

Et mon œil tour à tour, distrait, suit dans l'espace
Chaque arbre du chemin qui paraît et qui passe,
Les bois verts, le flot d'or de la jaune moisson,
Et les monts, et du soir l'étincelante étoile,
Et les clochers aigus, et les villes que voile
      Un dais de brume à l'horizon !

Qu'importe les bois verts, la moisson, la colline,
Et l'astre qui se lève et l'astre qui décline,
Et la plaine et les monts, si tu ne les vois pas ?
Que me font ces châteaux, ruines féodales,
Si leur donjon moussu n'entend point sur ses dalles
      Tes pas légers courir à côté de mes pas ?

Ainsi donc aujourd'hui, demain, après encore,
Il faudra voir sans toi naître et mourir l'aurore.
Sans toi, sans ton sourire et ton regard joyeux !
Sans t'entendre marcher près de moi quand je rêve ;
Sans que ta douce main, quand mon front se soulève,
      Se pose en jouant sur mes yeux !

Pourtant il faut encore, à tant d'ennuis en proie,
Dans mes lettres du soir t'envoyer quelque joie,
Dire : « Console-toi, le calme m'est rendu ; »
Quand je crains chaque instant qui loin de toi s'écoule,
Et qu'inventant des maux qui t'assiégent en foule,
      Chaque heure est sur ma tête un glaive suspendu !

III

Que fais-tu maintenant? Près du foyer sans doute
La carte est déployée, et ton œil suit ma route;
Tu dis: « Où peut-il être?—Ah! qu'il trouve en tous lieux
» De tendres soins, un cœur qui l'estime et qui l'aime,
» Et quelque bonne hôtesse, ayant, comme moi-même,
   » Un être cher sous d'autres cieux!

» Comme il s'éloigne vite! Hélas! j'en suis certaine,
» Il a déjà franchi cette ville lointaine,
» Ces forêts, ce vieux pont d'un grand exploit témoin,
» Peut-être en ce moment il roule en ces vallées
» Par une croix sinistre au passant signalées,
   » Où l'an dernier..... Pourvu qu'il soit déjà plus loin! »

Et mon père, essuyant une larme qui brille,
T'invite, en souriant, à sourire à ta fille :
« Rassurez-vous! bientôt nous le reverrons tous.
» Il rit, il est tranquille, il visite à cette heure
» De quelque vieux héros la tombe ou la demeure,
   » Il prie à quelque autel pour vous.

» Car vous le savez bien, ma fille, il aime encore
» Ces créneaux, ces portails qu'un art naïf décore,

» Il nous a dit souvent, assis à vos côtés,
» L'ogive chez les Goths de l'Orient venue,
» Et la flèche romane aiguisant dans la nue
» Ses huit angles de pierre en écailles sculptés ! »

IV

Et puis le vétéran, à ta douleur trompée,
Conte sa vie errante, et nos grands coups d'épée,
Et quelque ancien combat du Tage ou du Tésin,
Et l'Empereur, du siècle imposante merveille, —
Tout en baissant sa voix, de peur qu'elle n'éveille
  Ton enfant, qui dort sur ton sein !

          1825.

PROMENADE

> Voici les lieux chers à ma rêverie,
> Voici les prés dont j'ai chanté les fleurs.
> AMABLE TASTU, *la Lyre égarée.*

ODE VINGTIÈME

Ceins le voile de gaz aux pudiques couleurs,
Où ta féconde aiguille a semé tant de fleurs !
    Viens respirer sous les platanes ;
Couvre-toi du tissu, trésor de Cachemir,
Qui peut-être a caché le poignard d'un émir,
    Ou le sein jaloux des sultanes.

Aux lueurs du couchant vois fumer les hameaux.
La vapeur monte et passe : ainsi s'en vont nos maux,
　　Gloire, ambition, renommée !
Nous brillons tour à tour, jouets d'un fol espoir.
Tel ce dernier rayon, ce dernier vent du soir
　　Dore et berce un peu de fumée.

A l'heure où le jour meurt à l'horizon lointain,
Qu'il m'est doux, près d'un cœur qui bat pour mon destin,
　　D'égarer mes pas dans la plaine !
Qu'il m'est doux près de toi d'errer libre d'ennuis,
Quand tu mêles, pensive, à la brise des nuits
　　Le parfum de ta douce haleine !

C'est pour un tel bonheur, dès l'enfance rêvé,
Que j'ai longtemps souffert et que j'ai tout bravé !
　　Dans nos temps de fureur civiles,
Je te dois une paix que rien ne peut troubler :
Plus de vide en mes jours ! Pour moi tu sais peupler
　　Tous les déserts, même les villes !

Chaque étoile à son tour vient apparaître au ciel.
Tels, quand un grand festin d'ambroisie et de miel
　　Embaume une riche demeure,
Souvent sur le velours et le damas soyeux

ODE VINGTIÈME

On voit les plus hâtifs des convives joyeux
    S'asseoir au banquet avant l'heure.

Vois, — c'est un météore! il éclate et s'éteint.
Plus d'un grand homme aussi, d'un mal secret atteint,
    Rayonne et descend dans la tombe.
Le vulgaire l'ignore et suit le tourbillon;
Au laboureur courbé le soir sur le sillon
    Qu'importe l'étoile qui tombe?

Ah! tu n'es point ainsi, toi dont les nobles pleurs
De toute âme sublime honorent les malheurs;
    Toi qui gémis sur le poëte;
Toi qui plains la victime et surtout les bourreaux;
Qui visites souvent la tombe des héros,
    Silencieuse et non muette!

Si quelque ancien château devant tes pas distraits
Lève son donjon noir sur les noires forêts,
    Bien loin de la ville importune,
Tu t'arrêtes soudain; et ton œil tour à tour
Cherche et perd à travers les créneaux de la tour
    Le pâle croissant de la lune.

C'est moi qui t'inspirai d'aimer ces vieux piliers,
Ces temples où jadis les jeunes chevaliers

Priaient, armés par leur marraine;
Ces palais où parfois le poëte endormi
A senti sur sa bouche, entr'ouverte à demi,
    Tomber le baiser d'une reine.

Mais rentrons : vois le ciel d'ombres s'environner;
Déjà le frêle esquif qui nous doit ramener
    Sur les eaux du lac étincelle;
Cette barque ressemble à nos jours inconstants,
Qui flottent dans la nuit sur l'abîme des temps;
    Le gouffre porte la nacelle!

La vie à chaque instant fuit vers l'éternité;
Et le corps, sur la terre, où l'âme l'a quitté,
    Reste sans souffle et sans parole.
Ainsi, quand meurt la rose aux royales couleurs,
Sa feuille, que l'aurore en vain baigne de pleurs,
    Tombe, et son doux parfum s'envole!

                                    Octobre 1825.

A RAMON

DUC DE BENAV

> Por la boca de su herida.
> Guilhem de Castro.

ODE VINGT ET UNIÈME

Hélas! j'ai compris ton sourire,
Semblable au ris du condamné,
Quand le mot qui doit le proscrire
A son oreille a résonné!
En pressant ta main convulsive,
J'ai compris ta douleur pensive

Et ton regard morne et profond,
Qui, pareil à l'éclair des nues,
Brille sur des mers inconnues,
Mais ne peut en montrer le fond.

« Pourquoi faut-il donc qu'on me plaigne?
M'as-tu dit, je n'ai pas gémi.
Jamais de mes pleurs je ne baigne
La main d'un frère ou d'un ami!
Je n'en ai pas! Puisqu'à ma vie
La joie est pour toujours ravie,
Qu'on m'épargne au moins la pitié!
Je paye assez mon infortune
Pour que nulle voix importune
N'ose en réclamer la moitié!

» D'ailleurs, vaut-elle tant de larmes?
Appelle-t-on cela malheur?
Oui, ce qui pour l'homme a des charmes
Pour moi n'a qu'ennuis et douleur;
Sur mon passé rien ne surnage
Des vains rêves de mon jeune âge,
Que le sort chaque jour dément;
L'amour éteint pour moi sa flamme;
Et jamais la voix d'une femme
Ne dira mon nom doucement!

» Jamais d'enfants ! jamais d'épouse !
Nul cœur près du mien n'a battu ;
Jamais une bouche jalouse
Ne m'a demandé : « D'où viens-tu ? »
Point d'espérance qui me reste !
Mon avenir sombre et funeste
Ne m'offre que des jours mauvais ;
Dans cet horizon de ténèbres
Ont passé vingt spectres funèbres,
Jamais l'ombre que je rêvais !

» Ma tête ne s'est point courbée ;
Mais la main du sort ennemi
Est plus lourdement retombée
Sur mon front toujours raffermi.
A la jeunesse qui s'envole,
A la gloire, au plaisir frivole,
J'ai dit l'adieu fier de Caton.
Toutes fleurs pour moi sont fanées ;
Mais c'est l'ordre des destinées,
Et, si je souffre, qu'en sait-on ?

» Esclave d'une loi fatale,
Sachons taire les maux soufferts.
Pourquoi veux-tu donc que j'étale
La meurtrissure de mes fers ?

Aux yeux que la misère effraye
Qu'importe ma secrète plaie?
Passez, je dois vivre isolé;
Vos voix ne sont qu'un bruit sonore;
Passez tous! j'aime mieux encore
Souffrir que d'être consolé!

» Je n'appartiens plus à la vie.
Qu'importe si parfois mes yeux,
Soit qu'on me plaigne ou qu'on m'envie,
Lancent un feu sombre et joyeux?
Qu'importe, quand la coupe est vide,
Que ses bords, sur la lèvre avide,
Laissent encore un goût amer!
A-t-il vaincu le flot qui gronde,
Le vaisseau qui, perdu sous l'onde,
Lève encor son mât sur la mer?

» Qu'importe mon deuil solitaire?
D'autres coulent des jours meilleurs.
Qu'est-ce que le bruit de la terre?
Un concert de ris et de pleurs.
Je veux, comme tous les fils d'Ève,
Sans qu'une autre main le soulève,
Porter mon fardeau jusqu'au soir;
A la foule qui passe et tombe

ODE VINGT ET UNIÈME

Qu'importe au seuil de quelle tombe
Mon ombre un jour ira s'asseoir ? »

Ainsi, quand tout bas tu soupires,
De ton cœur partent des sanglots,
Comme un son s'échappe des lyres,
Comme un murmure sort des flots !
Va, ton infortune est ta gloire !
Les fronts marqués par la victoire
Ne se couronnent pas de fleurs.
De ton sein la joie est bannie ;
Mais tu sais bien que le génie
Prélude à ses chants par des pleurs.

Comme un soc de fer, dès l'aurore,
Fouille le sol de son tranchant,
Et l'ouvre et le sillonne encore
Aux derniers rayons du couchant ;
Sur chaque heure qui t'est donnée,
Revient l'infortune acharnée,
Infatigable à t'obséder ;
Mais, si de son glaive de flamme
Le malheur déchire ton âme,
Ami, c'est pour la féconder !

Novembre 1825.

A Mlle J.-D. DE M.

LE PORTRAIT
D'UNE ENFANT

> Quand ie voy tant de couleurs
>   Et de fleurs
> Qui esmaillent un riuage,
> Ie pense voir le beau teint
>   Qui est peint
> Si vermeil en son visage.
>
> Quand ie sens, parmi les prez
>   Diaprez,
> Les fleurs dont la terre est pleine;
> Lors ie fais croire à mes sens
>   Que ie sens
> La douceur de son haleine.
>
>   RONSARD.

ODE VINGT-DEUXIÈME

I

Oui, ce front, ce sourire et cette fraîche joue,
    C'est bien l'enfant qui pleure et joue,
      Et qu'un esprit du ciel défend !
De ses doux traits, ravis à la sainte phalange,

C'est bien le délicat mélange :
Poëte, j'y crois voir un ange,
Père, j'y trouve mon enfant.

On devine, à ses yeux pleins d'une pure flamme,
　　Qu'au paradis, d'où vient son âme,
　　Elle a dit un récent adieu.
Son regard, rayonnant d'une joie éphémère,
　　Semble en suivre encor la chimère,
　　Et revoir dans sa douce mère
　　L'humble mère de l'Enfant-Dieu !

On dirait qu'elle écoute un chœur de voix célestes,
　　Que de loin des vierges modestes
　　Elle entend l'appel gracieux ;
A son joyeux regard, à son naïf sourire,
　　On serait tenté de lui dire :
　　« Jeune ange, quel fut ton martyre,
　　Et quel est ton nom dans les cieux ? »

II

O toi dont le pinceau me la fit si touchante,
　　Tu me la peins, je te la chante !

Car tes nobles travaux vivront ;
Une force virile à ta grâce est unie ;
    Tes couleurs sont une harmonie ;
    Et, dans ton enfance, un génie
    Mit une flamme sur ton front !

Sans doute quelque fée, à ton berceau venue,
    Des sept couleurs que dans la nue
    Suspend le prisme aérien,
Des roses de l'aurore humide et matinale,
    Des feux de l'aube boréale,
    Fit une palette idéale
    Pour ton pinceau magicien !

Novembre 1825.

A MADAME
LA COMTESSE A. H.

> Sur ma lyre, l'autre fois,
>   Dans un bois,
> Ma main préludait à peine.
> Une colombe descend
>   En passant,
> Blanche sur le luth d'ébène.
>
> Mais, au lieu d'accords touchants,
>   De doux chants,
> La colombe gémissante
> Me demande par pitié
>   Sa moitié,
> Sa moitié loin d'elle absente.
>   SAINTE-BEUVE.

ODE VINGT-TROISIÈME

Oh! quel que soit le rêve, ou paisible ou joyeux,
Qui dans l'ombre à cette heure illumine tes yeux,
    C'est le bonheur qu'il te signale;
Loin des bras d'un époux qui n'est encor qu'amant,

Dors tranquille, ma sœur ! passe-la doucement,
    Ta dernière nuit virginale !

Dors : nous prierons pour toi jusqu'à ce beau matin !
Tu devais être à nous, et c'était ton destin,
    Et rien ne pouvait t'y soustraire.
Oui, la voix de l'autel va te nommer ma sœur ;
Mais ce n'est que l'écho d'une voix de mon cœur
    Qui déjà me nommait ton frère.

Dors, cette nuit encor, d'un sommeil pur et doux !
Demain, serment, transports, caresses d'un époux,
    Festins que la joie environne,
Et soupirs inquiets dans ton sein renaissant,
Quand une main fera de ton front rougissant
    Tomber la tremblante couronne !

Ah ! puisse dès demain se lever sur tes jours
Un bonheur qui jamais ne s'éclipse, et toujours
    Brille, plus beau qu'un rêve même !
Vers le ciel étoilé laisse monter nos vœux.
Dors en paix cette nuit où nous veillons tous deux,
    Moi qui te chante, et lui qui t'aime !

Décembre 1827.

PLUIE D'ÉTÉ

L'aubépine et l'églantin,
 Et le thym,
L'œillet, le lis et les roses,
En cette belle saison,
 A foison
Montrent leurs robes écloses.

Le gentil rossignolet,
 Doucelet,
Découpe, dessous l'ombrage,
Mille fredons babillards,
 Frétillards,
Aux doux sons de son ramage.
Remi Belleau.

ODE VINGT-QUATRIÈME

Que la soirée est fraîche et douce !
Oh ! viens, il a plu ce matin ;
Les humides tapis de mousse
Verdissent tes pieds de satin.

PLUIE D'ÉTÉ

L'oiseau vole sous les feuillées,
Secouant ses ailes mouillées,
Pauvre oiseau que le ciel bénit !
Il écoute le vent bruire,
Chante, et voit des gouttes d'eau luire,
Comme des perles, dans son nid.

La pluie a versé ses ondées,
Le ciel reprend son bleu changeant ;
Les terres luisent, fécondées,
Comme sous un réseau d'argent.
Le petit ruisseau de la plaine,
Pour une heure enflé, roule et traîne
Brins d'herbe, lézards endormis,
Court, et, précipitant son onde
Du haut d'un caillou qu'il inonde,
Fait des Niagaras aux fourmis !

Tourbillonnant dans ce déluge,
Des insectes sans avirons
Voguent pressés, frêle refuge !
Sur des ailes de moucherons ;
D'autres pendent, comme à des îles,
A des feuilles, errants asiles ;
Heureux, dans leur adversité,
Si, perçant les flots de sa cime,

ODE VINGT-QUATRIÈME

Une paille au bord de l'abîme
Retient leur flottante cité.

Les courants ont lavé le sable,
Au soleil montent les vapeurs,
Et l'horizon insaisissable
Tremble et fuit sous leurs plis trompeurs.
On voit seulement sous leurs voiles,
Comme d'incertaines étoiles,
Des points lumineux scintiller,
Et les monts, de la brume enfuie,
Sortir, et, ruisselants de pluie,
Les toits d'ardoise étinceler.

Viens errer dans la plaine humide,
A cette heure nous serons seuls.
Mets sur mon bras ton bras timide,
Viens, nous prendrons par les tilleuls.
Le soleil rougissant décline :
Avant de quitter la colline,
Tourne un moment tes yeux pour voir,
Avec ses palais, ses chaumières,
Rayonnants des mêmes lumières,
La ville d'or sur le ciel noir.

Oh! vois voltiger les fumées
Sur les toits de brouillards baignés !

Là sont des épouses aimées,
Là des cœurs doux et résignés.
La vie, hélas! dont on s'ennuie,
C'est le soleil après la pluie. —
Le voilà qui baisse toujours!
De la ville, que ses feux noient,
Toutes les fenêtres flamboient
Comme des yeux au front des tours.

L'arc-en-ciel! l'arc-en-ciel! Regarde. —
Comme il s'arrondit pur dans l'air!
Quel trésor le Dieu bon nous garde
Après le tonnerre et l'éclair!
Que de fois, sphères éternelles,
Mon âme a demandé ses ailes,
Implorant quelque Ithuriel,
Hélas! pour savoir à quel monde
Mène cette courbe profonde,
Arche immense d'un pont du ciel!

Juin 1828.

RÊVES

> En la amena soledad
> De aquesta apacible estancia,
> Bellísimo laberinto
> De árboles, flores, y plantas.
> Podeis dexarme, dexando
> Conmigo, que ellos me bastan
> Por compañía, los libros
> Que os mandé sacar de casa;
> Que yo, en tanto que Antioquía
> Celebra con fiestas tantas
> La fábrica de este templo,
> Que hoy á Júpiter consagra.
> . . . .
> Huyendo del gran bullicio,
> Que hay en sus calles y plazas,
> Pasar estudiando quiero
> La edad que al dia le falta.
>
> CALDERON, *el Mágico prodigioso.*

ODE VINGT-CINQUIÈME

I

Amis, loin de la ville,
Loin des palais de roi,
Loin de la cour servile,
Loin de la foule vile,
Trouvez-moi, trouvez-moi,

Aux champs où l'âme oisive
Se recueille en rêvant,
Sur une obscure rive
Où du monde n'arrive
Ni le flot ni le vent,

Quelque asile sauvage,
Quelque abri d'autrefois,
Un port sur le rivage,
Un nid sous le feuillage,
Un manoir dans les bois !

Trouvez-le-moi bien sombre,
Bien calme, bien dormant,
Couvert d'arbres sans nombre,
Dans le silence et l'ombre
Caché profondément !

Que là sur toute chose,
Fidèle à ceux qui m'ont,
Mon vers plane et se pose
Tantôt sur une rose,
Tantôt sur un grand mont.

Qu'il puisse avec audace,
De tout nœud détaché,

D'un vol que rien ne lasse,
S'égarer dans l'espace
Comme un oiseau lâché.

II

Qu'un songe au ciel m'enlève,
Que, plein d'ombre et d'amour,
Jamais il ne s'achève,
Et que la nuit je rêve
A mon rêve du jour !

Aussi blanc que la voile
Qu'à l'horizon je voi,
Qu'il recèle une étoile,
Et qu'il soit comme un voile
Entre la vie et moi !

Que la muse qui plonge
En ma nuit pour briller
Le dore et le prolonge,
Et de l'éternel songe
Craigne de m'éveiller !

Que toutes mes pensées
Viennent s'y déployer,

Et s'asseoir empressées,
Se tenant embrassées,
En cercle à mon foyer.

Qu'à mon rêve enchaînées,
Toutes, l'œil triomphant,
Le bercent, inclinées,
Comme des sœurs aînées
Bercent leur frère enfant !

III

On croit sur la falaise,
On croit dans les forêts,
Tant on respire à l'aise,
Et tant rien ne nous pèse,
Voir le ciel de plus près !

Là tout est comme un rêve,
Chaque voix a des mots ;
Tout parle, un chant s'élève
De l'onde sur la grève,
De l'air dans les rameaux.

C'est une voix profonde,
Un chœur universel,

C'est le globe qui gronde,
C'est le roulis du monde
Sur l'océan du ciel.

C'est l'écho magnifique
Des voix de Jéhovah,
C'est l'hymne séraphique
Du monde pacifique
Où va ce qui s'en va ;

Où, sourde aux cris de femmes,
Aux plaintes, aux sanglots,
L'âme se mêle aux âmes,
Comme la flamme aux flammes,
Comme le flot aux flots !

IV

Ce bruit vaste, à toute heure,
On l'entend au désert.
Paris, folle demeure,
Pour cette voix qui pleure
Nous donne un vain concert.

Oh ! la Bretagne antique !
Quelque roc écumant !

Dans la forêt celtique
Quelque donjon gothique !
Pourvu que seulement

La tour hospitalière
Où je prendrai mon nid
Ait, vieille chevalière,
Un panache de lierre
Sur son front de granit !

Pourvu que, blasonnée,
D'un écusson altier,
La haute cheminée,
Béante, illuminée,
Dévore un chêne entier !

Que, l'été, la charmille
Me dévore un ciel bleu ;
Que, l'hiver, ma famille,
Dans l'âtre assise, brille
Toute rouge au grand feu !

Dans les bois, mes royaumes,
Si le soir l'air bruit,
Qu'il semble, à voir leurs dômes,
Des têtes de fantômes
Se heurtant dans la nuit !..

Que des vierges abeilles,
Dont les cieux sont remplis,
Viennent sur moi, vermeilles,
Secouer dans mes veilles
Leur robe à mille plis !

Qu'avec des voix plaintives
Les ombres des héros
Repassent fugitives,
Blanches sous mes ogives,
Sombres sous mes vitraux !

V

Si ma muse envolée
Porte son nid si cher
Et sa famille ailée
Dans la salle écroulée
D'un vieux baron de fer ;

C'est que j'aime ces âges
Plus beaux, sinon meilleurs,
Que nos siècles plus sages ;
A leurs débris sauvages
Je m'attache, et d'ailleurs

L'hirondelle enlevée
Par son vol sur la tour,
Parfois, des vents sauvée,
Choisit pour sa couvée
Un vieux nid de vautour.

Sa famille humble et douce,
Souvent en se jouant,
Du bec remue et pousse,
Tout brisé sur la mousse,
L'œuf de l'oiseau géant.

Dans les armes antiques
Mes vers ainsi joueront,
Et, remuant des piques,
Riront, nains fantastiques,
De grands casques au front !

VI

Ainsi noués en gerbe
Reverdiront mes jours
Dans le donjon superbe,
Comme une touffe d'herbe
Dans les brèches des tours.

Mais, donjon ou chaumière,
Du monde délié,
Je vivrai de lumière,
D'extase et de prière,
Oubliant, oublié.

Juin 1828.

BALLADES

1823-1828

> Renouvelons aussi
> Toute vieille pensée.
> JOACHIN DU BELLAY.

UNE FÉE

> ... La reine May m'a visité. C'est elle
> Qui fait dans le sommeil veiller l'âme immortelle.
> ÉMILE DESCHAMPS, *Roméo et Juliette.*

BALLADE PREMIÈRE

Que ce soit Urgèle ou Morgane,
J'aime, en un rêve sans effroi,
Qu'une fée au corps diaphane,
Ainsi qu'une fleur qui se fane,
Vienne pencher son front sur moi.

UNE FÉE

C'est elle dont le luth d'ivoire
Me redit, sur un mâle accord,
Vos contes, qu'on n'oserait croire,
Bons paladins, si votre histoire
N'était plus merveilleuse encor.

C'est elle, aux choses qu'on révère,
Qui m'ordonne de m'allier,
Et qui veut que ma main sévère
Joigne la harpe du trouvère
Au gantelet du chevalier.

Dans le désert qui me réclame,
Cachée en tout ce que je vois,
C'est elle qui fait pour mon âme
De chaque rayon une flamme
Et de chaque bruit une voix;

Elle — qui, dans l'onde agitée,
Murmure en sortant du rocher;
Et, de me plaire tourmentée,
Suspend la cigogne argentée
Au faîte aigu du noir clocher.

Quand, l'hiver, mon foyer pétille,
C'est elle qui vient s'y tapir,

Et me montre, au ciel qui scintille,
L'étoile qui s'éteint et brille,
Comme un œil prêt à s'assoupir;

Qui, lorsqu'en des manoirs sauvages
J'erre, cherchant nos vieux berceaux,
M'environnant de mille images,
Comme un bruit du torrent des âges,
Fait mugir l'air sous les arceaux;

Elle — qui, la nuit, quand je veille,
M'apporte de confus abois,
Et, pour endormir mon oreille,
Dans le calme du soir, éveille
Un cor lointain au fond des bois !

Que ce soit Urgèle ou Morgane,
J'aime, en un rêve sans effroi,
Qu'une fée au corps diaphane,
Ainsi qu'une fleur qui se fane,
Vienne pencher son front sur moi!

1824.

LE SYLPHE

> Le vent, le froid et l'orage
> Contre l'enfant faisaient rage.
> — Ouvrez, dit-il, je suis nu !
> La Fontaine, *Imitation d'Anacréon*.

BALLADE DEUXIÈME

« Toi qu'en ces murs, pareille aux rêveuses sylphides,
» Ce vitrage éclairé montre à mes yeux avides,
» Jeune fille, ouvre-moi ! Voici la nuit, j'ai peur !
» La nuit, qui, peuplant l'air de figures livides,
» Donne aux âmes des morts des robes de vapeur !

» Vierge, je ne suis point de ces pèlerins sages
» Qui font de longs récits après de longs voyages;
» Ni de ces paladins, qu'aime et craint la beauté,
» Dont le cor, éveillant les varlets et les pages,
» Porte un appel de guerre à l'hospitalité.

» Je n'ai ni lourd bâton, ni lance redoutée,
» Point de longs cheveux noirs, point de barbe argentée.
» Ni d'humble chapelet, ni de glaive vainqueur.
» Mon souffle, dont une herbe est à peine agitée,
» N'arrache au cor des preux qu'un murmure moqueur,

» Je suis l'enfant de l'air, un sylphe, moins qu'un rêve,
» Fils du printemps qui naît, du matin qui se lève,
» L'hôte du clair foyer, durant les nuits d'hiver,
» L'esprit que la lumière à la rosée enlève,
» Diaphane habitant de l'invisible éther.

» Ce soir un couple heureux, d'une voix solennelle,
» Parlait tout bas d'amour et de flamme éternelle.
» J'entendais tout; près d'eux je m'étais arrêté :
» Ils ont dans un baiser pris le bout de mon aile,
» Et la nuit est venue avant ma liberté.

» Hélas! il est trop tard pour rentrer dans ma rose!
» Châtelaine, ouvre-moi, car ma demeure est close.

» Recueille un fils du jour égaré dans la nuit;
» Permets, jusqu'à demain, qu'en ton lit je repose :
» Je tiendrai peu de place et ferai peu de bruit.

» Mes frères ont suivi la lumière éclipsée,
» Ou les larmes du soir dont l'herbe est arrosée;
» Les lis leur ont ouvert leur calice de miel.
» Où fuir ?... Je ne vois plus de goutte de rosée,
» Plus de fleurs dans les champs, plus de rayons au ciel !

» Damoiselle, entends-moi, de peur que la nuit sombre,
» Comme en un grand filet, ne me prenne en son ombre
» Parmi les spectres blancs et les fantômes noirs,
» Les démons dont l'enfer même ignore le nombre,
» Les hiboux du sépulcre et l'autour des manoirs !

» Voici l'heure où les morts dansent d'un pied débile.
» La lune au pâle front les regarde, immobile;
» Et le hideux vampire, ô comble de frayeur !
» Soulevant d'un bras fort une pierre inutile,
» Traîne en sa tombe ouverte un tremblant fossoyeur.

» Bientôt, nains monstrueux, noirs de poudre et de cendre,
» Dans leur gouffre sans fond les gnomes vont descendre;

» Le follet fantastique erre sur les roseaux;
» Au frais ondin s'unit l'ardente salamandre,
» Et de bleuâtres feux se croisent sur les eaux.

» Oh!... si pour amuser son ennui taciturne,
» Un mort, parmi ses os, m'enfermait dans son urne!
» Si quelque nécromant, riant de mon effroi,
» Dans la tour, d'où minuit lève sa voix nocturne,
» Liait mon vol paisible au sinistre beffroi!

» Que ta fenêtre s'ouvre!... Ah! si tu me repousses,
» Il me faudra chercher quelque vieux nid de mousses,
» A des lézards troublés livrer de grands combats...
» Ouvre! mes yeux sont purs, mes paroles sont douces
» Comme ce qu'à sa belle un amant dit tout bas.

» Et je suis si joli! Si tu voyais mes ailes
» Trembler aux feux du jour, transparentes et frêles...
» J'ai la blancheur des lis, où, le soir, nous fuyons,
» Et les roses, nos sœurs, se disputent entre elles
» Mon souffle de parfums et mon corps de rayons.

» Je veux qu'un rêve heureux te révèle ma gloire.
» Près de moi (ma sylphide en garde la mémoire),

» Les papillons sont lourds, les colibris sont laids,
» Quand, roi vêtu d'azur, et de nacre, et de moire,
» Je vais de fleurs en fleurs visiter mes palais.

» J'ai froid : l'ombre me glace, et vainement je pleure.
» Si je pouvais t'offrir, pour m'ouvrir ta demeure,
» Ma goutte de rosée ou mes corolles d'or !
» Mais non : je n'ai plus rien, il faudra que je meure.
» Chaque soleil me donne et me prend mon trésor.

» Que veux-tu qu'en dormant je t'apporte en échange ?
» L'écharpe d'une fée ou le voile d'un ange ?
» J'embellirai ta nuit des prestiges du jour !
» Ton sommeil passera, sans que ton bonheur change,
» Des beaux songes du ciel aux doux rêves d'amour.

» Mais mon haleine en vain ternit la vitre humide !
» O vierge ! crois-tu donc que, dans la nuit perfide,
» La voix du sylphe errant cache un amant trompeur ?
» Ne me crains pas, c'est moi qui suis faible et timide,
» Et, si j'avais une ombre, hélas ! j'en aurais peur. »

Il pleurait. Tout à coup devant la tour antique
S'éleva, murmurant comme un appel mystique,

Une voix... ce n'était sans doute qu'un esprit !
Bientôt parut la dame à son balcon gothique :
On ne sait si ce fut au sylphe qu'elle ouvrit...

1823.

LA GRAND'MÈRE

> To die — to sleep.
> SHAKSPEARE.

BALLADE TROISIÈME

« Dors-tu ?... Réveille-toi, mère de notre mère !
» D'ordinaire en dormant ta bouche remuait,
» Car ton sommeil souvent ressemble à ta prière;
» Mais, ce soir, on dirait la madone de pierre :
» Ta lèvre est immobile et ton souffle est muet.

» Pourquoi courber ton front plus bas que de coutume?
» Quel mal avons-nous fait pour ne plus nous chérir?
» Vois, la lampe pâlit, l'âtre scintille et fume;
» Si tu ne parles pas, le feu qui se consume,
» Et la lampe, et nous deux, nous allons tous mourir!

» Tu nous trouveras morts près de la lampe éteinte;
» Alors, que diras-tu quand tu t'éveilleras?
» Tes enfants à leur tour seront sourds à ta plainte.
» Pour nous rendre à la vie, en invoquant ta sainte,
» Il faudra bien longtemps nous serrer dans tes bras!

» Donne-nous donc tes mains dans nos mains réchauffées,
» Chante-nous quelque chant de pauvre troubadour;
» Dis-nous ces chevaliers qui, servis par les fées,
» Pour bouquets à leur dame apportaient des trophées,
» Et dont le cri de guerre était un nom d'amour.

» Dis-nous quel divin signe est funeste aux fantômes;
» Quel ermite dans l'air vit Lucifer volant;
» Quel rubis étincelle au front du roi des gnomes;
» Et si le noir démon craint plus, dans ses royaumes,
» Les psaumes de Turpin que le fer de Roland.

» Ou montre-nous ta Bible et les belles images,
» Le ciel d'or, les saints bleus, les saintes à genoux,

» L'enfant Jésus, la crèche, et le bœuf, et les mages;
» Fais-nous lire du doigt, dans le milieu des pages,
» Un peu de ce latin qui parle à Dieu de nous.

» Mère!... Hélas! par degrés s'affaisse la lumière,
» L'ombre joyeuse danse autour du noir foyer;
» Les esprits vont peut-être entrer dans la chaumière...
» Oh! sors de ton sommeil, interromps ta prière;
» Toi qui nous rassurais, veux-tu nous effrayer?

» Dieu! que tes bras sont froids! rouvre les yeux... Naguère
» Tu nous parlais d'un monde où nous mènent nos pas,
» Et de ciel, et de tombe, et de vie éphémère;
» Tu parlais de la mort... Dis-nous, ô notre mère!
» Qu'est-ce donc que la mort? — Tu ne nous réponds pas! »

Leur gémissante voix longtemps se plaignit seule.
La jeune aube parut sans réveiller l'aïeule.
La cloche frappa l'air de ses funèbres coups;
Et, le soir, un passant, par la porte entr'ouverte,
Vit, devant le saint livre et la couche déserte,
Les deux petits enfants qui priaient à genoux.

1823.

A TRILBY

LE LUTIN D'ARGAÏL

> A vous, ombre légère,
> Qui, d'aile passagère,
> Par le monde volez,
> Et d'un sifflant murmure
> L'ombrageuse verdure
> Doucement esbranlez;
>
> J'offre ces violettes,
> Ces lys et ces fleurettes,
> Et ces roses ici,
> Ces vermeillettes roses
> Tout fraischement escloses,
> Et ces œillets aussi.
> *Vieille chanson.*

BALLADE QUATRIÈME

C'est toi, lutin! — Qui t'amène?
Sur ce rayon du couchant
Est-tu venu? ton haleine
Me caresse en me touchant!

A TRILBY

A mes yeux tu te révèles,
Tu m'inondes d'étincelles;
Et tes frémissantes ailes
Ont un bruit doux comme un chant.

Ta voix, de soupirs mêlée,
M'apporte un accent connu.
Dans ma cellule isolée,
Beau Trilby, sois bienvenu !
Ma demeure hospitalière
N'a point d'humble batelière
Dont ta bouche familière
Baise le sein demi-nu !

Viens-tu, dans l'âtre perfide,
Chercher mon follet qui suit,
Et ma fée et ma sylphide,
Qui me visitent sans bruit,
Et m'apportent, empressées,
Sur leurs ailes nuancées,
Le jour de douces pensées,
Et de doux rêves la nuit ?

Viens-tu pas voir mes ondines
Ceintes d'algue et de glaïeul ?
Mes nains, dont les voix badines

N'osent parler qu'à moi seul ?
Viens-tu réveiller mes gnomes
Poursuivre en l'air les atomes,
Et lutiner mes fantômes,
En jouant dans leur linceul ?

Hélas ! fuis ! — Ces lieux que j'aime
N'ont plus ces hôtes chéris !
Des cruels à l'anathème
Ont livré tous mes esprits !
Mon ondine est étouffée ;
Et, comme un double trophée,
Leurs mains ont cloué ma fée
Près de ma chauve-souris !

Mes spectres, mes nains si frêles,
Quand leur courroux gronde encor,
N'osent plus sur les tourelles
S'appeler au son du cor ;
Ma cour magique, en alarmes,
A fui leurs pesantes armes,
Ils ont de mon sylphe en larmes
Arraché les ailes d'or !

Toi-même, crains leur tonnerre,
Crains un combat inégal,

Plus que la voix centenaire
Qui jadis vengea Dougal,
Dont la cabane fumeuse
Voit, durant la nuit brumeuse,
Sur une roche écumeuse
S'asseoir l'ombre de Fingal !

Celui qui de ta montagne
T'a rapporté dans nos champs
Eut comme toi pour compagne
L'Espérance aux vœux touchants:
Longtemps la France, sa mère,
Vit fuir sa jeunesse amère
Dans l'exil, où, comme Homère,
Il n'emportait que ses chants !

A la fois triste et sublime,
Grave en son vol gracieux,
Le poëte aime l'abîme
Où fuit l'aigle audacieux,
Le parfum des fleurs mourantes,
L'or des comètes errantes,
Et les cloches murmurantes
Qui se plaignent dans les cieux !

Il aime un désert sauvage
Où rien ne borne ses pas;

BALLADE QUATRIÈME

Son cœur, pour fuir l'esclavage,
Vit plus loin que le trépas.
Quand l'opprimé le réclame,
Des peuples il devient l'âme;
Il est pour eux une flamme
Que le tyran n'éteint pas.

Tel est Nodier, le poëte!
Va, dis à ce noble ami
Que ma tendresse inquiète
De tes périls a frémi;
Dis-lui bien qu'il te surveille,
De tes yeux charme sa veille,
Enfant! et, lorsqu'il sommeille,
Dors sur son front endormi!

N'erre pas à l'aventure!
Car on en veut aux Trilbys,
Crains les maux et la torture
Que mon doux sylphe a subis.
S'ils te prenaient, quelle gloire!
Ils souilleraient d'encre noire,
Hélas! ton manteau de moire,
Ton aigrette de rubis!

Ou, pour danser avec Faune,
Contraignant tes pas tremblants,

Leurs satyres au pied jaune,
Leurs vieux sylvains pétulants,
Joindraient tes mains enchaînées
Aux vieilles mains décharnées
De leurs naïades fanées,
Mortes depuis deux mille ans!

Avril 1825.

LE GÉANT

—

> Les nuées du ciel elles-mêmes craignent que je ne vienne chercher mes ennemis dans leur sein...
> Motenabby.

BALLADE CINQUIÈME

O guerriers ! je suis né dans le pays des Gaules.
Mes aïeux franchissaient le Rhin comme un ruisseau,
Ma mère me baigna dans la neige des pôles
Tout enfant, et mon père, aux robustes épaules,
De trois grandes peaux d'ours décora mon berceau.

Car mon père était fort! L'âge à présent l'enchaîne;
De son front tout ridé tombent ses cheveux blancs.
Il est faible, il est vieux. Sa fin est si prochaine,
Qu'à peine il peut encor déraciner un chêne
    Pour soutenir ses pas tremblants!

C'est moi qui le remplace; et j'ai sa javeline,
Ses bœufs, son arc de fer, ses haches, ses colliers;
Moi qui peux, succédant au vieillard qui décline,
Les pieds dans le vallon, m'asseoir sur la colline,
Et de mon souffle au loin courber les peupliers!

A peine adolescent, sur les Alpes sauvages,
De rochers en rochers je m'ouvrais des chemins;
Ma tête, ainsi qu'un mont, arrêtait les nuages;
Et souvent, dans les cieux épiant leurs passages,
    J'ai pris des aigles dans mes mains!

Je combattais l'orage, et ma bruyante haleine
Dans leur vol anguleux éteignait les éclairs;
Ou, joyeux, devant moi chassant quelque baleine,
L'Océan à mes pas ouvrait sa vaste plaine,
Et mieux que l'ouragan mes jeux troublaient les mers.

J'errais, je poursuivais d'une atteinte trop sûre
Le requin dans les flots, dans les airs l'épervier;

BALLADE CINQUIÈME

L'ours, étreint dans mes bras, expirait sans blessure,
Et j'ai souvent, l'hiver, brisé dans leur morsure
    Les dents blanches du loup-cervier !

Ces plaisirs enfantins pour moi n'ont plus de charmes :
J'aime aujourd'hui la guerre et son mâle appareil,
Les malédictions des familles en larmes,
Les camps, et le soldat, bondissant dans ses armes,
Qui vient du cri d'alarme égayer mon réveil !

Dans la poudre et le sang quand l'ardente mêlée
Broie et roule une armée en bruyants tourbillons,
Je me lève, je suis sa course échevelée,
Et, comme un cormoran fond sur l'onde troublée,
    Je plonge dans les bataillons !

Ainsi qu'un moissonneur parmi des gerbes mûres,
Dans les rangs écrasés, seul debout, j'apparais.
Leurs clameurs dans ma voix se perdent en murmures,
Et mon poing désarmé martelle les armures
Mieux qu'un chêne noueux choisi dans les forêts.

Je marche toujours nu. Ma valeur souveraine
Rit des soldats de fer dont vos camps sont peuplés.
Je n'emporte au combat que ma pique de frêne,

Et ce casque léger que traîneraient sans peine
  Dix taureaux au joug accouplés.

Sans assiéger les forts d'échelles inutiles,
Des chaînes de leurs ponts je brise les anneaux;
Mieux qu'un bélier d'airain je bats leurs murs fragiles;
Je lutte corps à corps avec les tours des villes;
Pour combler les fossés j'arrache les créneaux.

Oh! quand mon tour viendra de suivre mes victimes,
Guerriers! ne laissez pas ma dépouille au corbeau;
Ensevelissez-moi parmi des monts sublimes,
Afin que l'étranger cherche, en voyant leurs cimes,
  Quelle montagne est mon tombeau !

Mars 1825.

A M. J. F.

LA FIANCÉE
DU TIMBALIER.

> Douce est la mort qui vient en bien aimant.
> DESPORTES, *Sonnet*.

BALLADE SIXIÈME

« Monseigneur le duc de Bretagne
» A, pour les combats meurtriers,
» Convoqué, de Nante à Mortagne,
» Dans la plaine et sur la montagne,
» L'arrière-ban de ses guerriers.

» Ce sont des barons dont les armes
» Ornent des forts ceints d'un fossé ;
» Des preux vieillis dans les alarmes ;
» Des écuyers, des hommes d'armes ;
» L'un d'entre eux est mon fiancé.

» Il est parti pour l'Aquitaine
» Comme timbalier, et pourtant
» On le prend pour un capitaine,
» Rien qu'à voir sa mine hautaine
» Et son pourpoint d'or éclatant !

» Depuis ce jour l'effroi m'agite.
» J'ai dit, joignant son sort au mien :
» Ma patronne, sainte Brigitte,
» Pour que jamais il ne le quitte,
» Surveillez son ange gardien !

» J'ai dit à notre abbé : Messire,
» Priez bien pour tous nos soldats !
» Et, comme on sait qu'il le désire,
» J'ai brûlé trois cierges de cire
» Sur la châsse de saint Gildas.

» A Notre-Dame de Lorette
» J'ai promis, dans mon noir chagrin,

BALLADE SIXIÈME

» D'attacher sur ma gorgerette,
» Fermée à la vue indiscrète,
» Les coquilles du pèlerin.

» Il n'a pu, par d'amoureux gages,
» Absent, consoler mes foyers :
» Pour porter les tendres messages
» La vassale n'a point de pages,
» Le vassal n'a pas d'écuyers.

» Il doit aujourd'hui de la guerre
» Revenir avec monseigneur;
» Ce n'est plus un amant vulgaire :
» Je lève un front baissé naguère,
» Et mon orgueil est du bonheur !

» Le duc triomphant nous rapporte
» Son drapeau dans les camps froissé;
» Venez tous, sous la vieille porte,
» Voir passer la brillante escorte,
» Et le prince et mon fiancé !

» Venez voir pour ce jour de fête
» Son cheval caparaçonné,

» Qui sous son poids hennit, s'arrête,
» Et marche en secouant la tête,
» De plumes rouges couronnée !

» Mes sœurs, à vous parer si lentes,
» Venez voir près de mon vainqueur
» Ces timbales étincelantes
» Qui, sous sa main toujours tremblantes,
» Sonnent et font bondir le cœur !

» Venez surtout le voir lui-même
» Sous le manteau que j'ai brodé.
» Qu'il sera beau ! c'est lui que j'aime !
» Il porte comme un diadème
» Son casque de crins inondé !

» L'Égyptienne sacrilége,
» M'attirant derrière un pilier,
» M'a dit hier (Dieu nous protége!)
» Qu'à la fanfare du cortége
» Il manquerait un timbalier.

» Mais j'ai tant prié, que j'espère !
» Quoique, me montrant de la main

» Un sépulcre, son noir repaire,
» La vieille aux regards de vipère
» M'ait dit : Je t'attends là demain !

» Volons ! plus de noires pensées ! —
» Ce sont les tambours que j'entends.
» Voici les dames entassées,
» Les tentes de pourpre dressées,
» Les fleurs et les drapeaux flottants !

» Sur deux rangs le cortége ondoie :
» D'abord les piquiers aux pas lourds;
» Puis, sous l'étendard qu'on déploie,
» Les barons en robes de soie,
» Avec leurs mortiers de velours.

» Voici les chasubles des prêtres;
» Les hérauts sur un blanc coursier.
» Tous, en souvenir des ancêtres,
» Portent l'écusson de leurs maîtres
» Peint sur leur corselet d'acier.

» Admirez l'armure persane
» Des templiers, craints de l'enfer;

» Et, sous la longue pertuisane,
» Les archers venus de Lausanne,
» Vêtus de buffle, armés de fer.

» Le duc n'est pas loin : ses bannières
» Flottent parmi les chevaliers;
» Quelques enseignes prisonnières,
» Honteuses, passent les dernières...
» Mes sœurs, voici les timbaliers!... »

Elle dit, et sa vue errante
Plonge, hélas! dans les rangs pressés ;
Puis, dans la foule indifférente,
Elle tomba, froide et mourante...
— Les timbaliers étaient passés.

Octobre 1825.

LA MÊLÉE

—

> Les armées s'ébranlent, le choc est terrible,
> les combattants sont terribles, les blessures
> sont terribles, la mêlée est terrible.
> GONZALO BERCEO, *la Bataille de Simancas.*

BALLADE SEPTIÈME

Pâtre, change de route. — Au pied de ces collines
Vois onduler deux rangs d'épaisses javelines;
Vois ces deux bataillons l'un vers l'autre marchant:
Au signal de leurs chefs que divise la haine,

Ils se sont pour combattre arrêtés dans la plaine.
Écoute ces clameurs... tu frémis : c'est leur chant !

« Accourez tous, oiseaux de proie,
» Aigles, hiboux, vautours, corbeaux !
» Volez, volez tous pleins de joie
» A ces champs comme à des tombeaux !
» Que l'ennemi sous notre glaive
» Tombe avec le jour qui s'achève !
» Les psaumes du soir sont finis.
» Le prêtre qui suit leurs bannières
» Leur a dit leurs vêpres dernières,
» Et le nôtre nous a bénis ! »

Halbert, baron normand, Ronan, prince de Galles,
Vont mesurer ici leurs forces presque égales :
Les Normands sont adroits ; les Gallois sont ardents.
Ceux-là viennent chargés d'une armure sonore ;
Ceux-ci font, pour couvrir leur front sauvage encore,
De la gueule des loups un casque armé de dents !

« Que nous fait la plainte des veuves
» Et de l'orphelin gémissant ?
» Demain nous laverons aux fleuves
» Nos bras teints de fange et de sang.

» Serrons nos rangs, brûlons nos tentes !
» Que nos trompettes éclatantes
» Glacent l'ennemi méprisé !
» En vain leurs essaims se déroulent ;
» Pour eux chaque sillon qu'ils foulent
» Est un sépulcre tout creusé ! »

Le signal est donné. — Parmi les flots de poudre,
Leurs pas courts et pressés roulent comme la foudre.
Comme deux chevaux noirs qui dévorent le frein,
Comme deux grands taureaux luttant dans les vallées,
Les deux masses de fer, à grand bruit ébranlées,
Brisent d'un même choc leur double front d'airain.

« Allons, guerriers ! la charge sonne !
» Courez, frappez, c'est le moment !
» Au son de la trompe saxonne,
» Aux accords du clairon normand !
» Dagues, hallebardes, épées,
» Pertuisanes de sang trempées,
» Haches, poignards à deux tranchants,
» Parmi les cuirasses froissées
» Mêlez vos pointes hérissées,
» Comme la ronce dans les champs ! »

Où donc est le soleil ? — Il luit dans la fumée,
Comme un bouclier rouge en la forge enflammée.

Dans des vapeurs de sang on voit briller le fer ;
La vallée au loin semble une fournaise ardente :
On dirait qu'au milieu de la plaine grondante
S'est ouverte soudain la bouche de l'enfer.

« Le jeu des héros se prolonge,
» Les rangs s'enfoncent dans les rangs,
» Le pied des combattants se plonge
» Dans la blessure des mourants.
» Avançons ! avançons ! courage !
» Le fantassin mord avec rage
» Le portail de fer du coursier ;
» Les cheveux blanchissants frissonnent,
» Et les masses d'armes résonnent
» Sur leurs caparaçons d'acier ! »

Noir chaos de coursiers, d'hommes, d'armes heurtées !
Les Gallois, tout couverts de peaux ensanglantées,
Se roulent sur le dard des écus meurtriers ;
A mourir sur leurs morts, obstinés et fidèles,
Ils semblent assiéger comme des citadelles
Les cavaliers normands sur leurs grands destriers.

« Que ceux qui brisent leur épée
» Luttent des ongles et des dents,

» S'ils veulent fuir la faim trompée
» Des loups autour de nous rôdants!
» Point de prisonniers! point d'esclaves!
» S'il faut mourir, mourons en braves
» Sur nos compagnons immolés.
» Que demain le jour, s'il se lève,
» Voie encor des tronçons de glaive
» Étreints par nos bras mutilés!... »

Viens, berger : la nuit tombe, et plus de sang ruisselle,
De coups plus furieux chaque armure étincelle ;
Les chevaux éperdus se dérobent au mors.
Viens, laissons achever cette lutte brûlante.
Ces hommes, acharnés à leur tâche sanglante,
Se reposeront tous demain, vainqueurs ou morts !

Septembre 1825.

A M. LOUIS BOULANGER

LES DEUX ARCHERS

> Dames, oyez un conte lamentable.
> BAÏF.

BALLADE HUITIÈME

C'était l'instant funèbre où la nuit est si sombre,
Qu'on tremble à chaque pas de réveiller dans l'ombre
Un démon, ivre encor du banquet des sabbats ;
Le moment où lisant à peine sa prière,

Le voyageur se hâte à travers la clairière;
C'était l'heure où l'on parle bas!

Deux francs archers passaient au fond de la vallée,
Là-bas, où vous voyez une tour isolée,
Qui, lorsqu'en Palestine allaient mourir nos rois,
Fut bâtie en trois nuits, au dire de nos pères,
Par un ermite saint qui remuait les pierres,
    Avec le signe de la croix.

Tous deux, sans craindre l'heure en ce lieu taciturne,
Allumèrent un feu pour leur repas nocturne;
Puis ils vinrent s'asseoir, en déposant leur cor,
Sur un saint de granit dont l'image grossière,
Les mains jointes, le front couché dans la poussière,
    Avait l'air de prier encor.

Cependant sur la tour, les monts, les bois antiques,
L'ardent foyer jetait des clartés fantastiques;
Les hiboux s'effrayaient au fond des vieux manoirs,
Et les chauves-souris, que tout sabbat réclame,
Volaient, et par moments épouvantaient la flamme
    De leur grande aile aux ongles noirs!

LES DEUX ARCHERS.

BALLADE HUITIÈME

Le plus vieux des archers alors dit au plus jeune :
« Portes-tu le cilice ? — Observes-tu le jeûne ? »
Reprit l'autre. Et leur rire accompagna leur voix.
D'autres rires de loin tout à coup s'entendirent.
Le val était désert, l'ombre épaisse; ils se dirent :
 « C'est l'écho qui rit dans les bois. »

Soudain à leurs regards une lueur rampante
En bleuâtres sillons sur la hauteur serpente;
Les deux blasphémateurs, hélas! sans s'effrayer
Jetèrent au brasier d'autres branches de chênes,
Disant : « C'est au miroir des cascades prochaines
 » Le reflet de notre foyer. »

Or, cet écho (d'effroi qu'ici chacun s'incline!)
C'était Satan, riant tout haut sur la colline!
Ce reflet émané du corps de Lucifer,
C'était le pâle jour qu'il traîne en nos ténèbres,
Le rayon sulfureux qu'en des songes funèbres
 Il nous apporte de l'enfer!

Aux profanes éclats de leur coupable joie,
Il était accouru comme un loup vers sa proie;
Sur les archers dans l'ombre erraient ses yeux ardents.
— « Riez et blasphémez dans vos heures oisives.

» Moi, je ferai passer vos bouches convulsives
» Du rire au grincement de dents! »

———

A l'aube du matin, un peu de cendre éteinte
D'un pied large et fourchu portait l'étrange empreinte.
Le val fut tout le jour désert, silencieux.
Mais, au lieu du foyer, à minuit même, un pâtre
Vit soudain apparaître une flamme bleuâtre
    Qui ne montait pas vers les cieux!

Dès qu'au sol attachée elle rampa, livide,
De longs rires, soudain éclatant dans le vide,
Glacèrent le berger d'un grand effroi saisi;
Il ne vit point Satan et ceux de l'autre monde,
Et ne put concevoir, dans sa terreur profonde,
    Ce qu'ils souffraient pour rire ainsi!

Dès lors, toutes les nuits, aux monts, aux bois antiques,
L'ardent foyer jeta ses clartés fantastiques;
Des rires effrayaient les hiboux des manoirs;
Et les chauves-souris, que tout sabbat réclame,
Volaient, et par moments épouvantaient la flamme
    De leur grande aile aux ongles noirs!

Rien, avant le rayon de l'aube matinale,
Enfants! rien n'éteignait cette flamme infernale.
Si l'orage, à grands flots tombant, grondait dans l'air,
Les rires éclataient aussi haut que la foudre,
La flamme en tournoyant s'élançait de la poudre,
    Comme pour s'unir à l'éclair!

Mais enfin, une nuit, vêtu du scapulaire,
Se leva du vieux saint le marbre séculaire;
Il fit trois pas, armé de son rameau bénit;
De l'effrayant prodige effrayant exorciste,
De ses lèvres de pierre il dit : « Que Dieu m'assiste! »
    En ouvrant ses bras de granit,

Alors tout s'éteignit, flammes, rires, phosphore,
Tout! et le lendemain on trouva dès l'aurore
Les deux gens d'armes morts sur la statue assis;
On les ensevelit; et, suivant sa promesse,
Le seigneur du hameau, pour fonder une messe,
    Légua trois deniers parisis.

Si quelque enseignement se cache en cette histoire,
Qu'importe? il ne faut pas la juger, mais la croire.

La croire! Qu'ai-je dit? Ces temps sont loin de nous!
Ce n'est plus qu'à demi qu'on se livre aux croyances.
Nul, dans notre âge aveugle et vain de ses sciences,
    Ne sait plier les deux genoux!

Juillet 1825.

ÉCOUTE-MOI

MADELEINE

> Pource aimez-moy, cependant qu'estes belle.
> RONSARD.

BALLADE NEUVIÈME

Écoute-moi, Madeleine !
L'hiver a quitté la plaine
Qu'hier il glaçait encor.
Viens dans ces bois, d'où ma suite

Se retire, au loin conduite
Par les sons errants du cor.

Viens! on dirait, Madeleine,
Que le printemps, dont l'haleine
Donne aux roses leurs couleurs,
A, cette nuit, pour te plaire,
Secoué sur la bruyère
Sa robe pleine de fleurs!

Si j'étais, ô Madeleine!
L'agneau dont la blanche laine
Se démêle sous tes doigts!
Si j'étais l'oiseau qui passe,
Et que poursuit dans l'espace
Un doux appel de ta voix!

Si j'étais, ô Madeleine!
L'ermite de Tombelaine
Dans son pieux tribunal,
Quand ta bouche, à son oreille,
De tes péchés de la veille
Livre l'aveu virginal!

Si j'étais, ô Madeleine!
L'œil du nocturne phalène,

Tu jettes, fille ingénue,
Ta robe sur ton miroir.

ODES ET BALLADES.

Lorsqu'au sommeil tu te rends,
Et que son aile indiscrète
De ta cellule secrète
Bat les vitraux transparents;

Quand ton sein, ô Madeleine!
Sort du corset de baleine,
Libre enfin du velours noir;
Quand, de peur de te voir nue,
Tu jettes, fille ingénue,
Ta robe sur ton miroir!

Si tu voulais, Madeleine,
Ta demeure serait pleine
De pages et de vassaux;
Et ton splendide oratoire
Déroberait sous la moire
La pierre de ses arceaux!...

Si tu voulais, Madeleine,
Au lieu de la marjolaine
Qui pare ton chaperon,
Tu porterais la couronne
De comtesse et de baronne
Dont la perle est le fleuron!

Si tu voulais, Madeleine,
Je te ferais châtelaine :
Je suis le comte Roger.
Quitte pour moi ces chaumières,
A moins que tu ne préfères
Que je me fasse berger!

Septembre 1825.

A UN PASSANT

Au soleil couchant,
Toi qui vas cherchant
 Fortune,
Prends garde de choir :
La terre, le soir,
 Est brune,
L'Océan trompeur
Couvre de vapeur
 La dune.
Vois : à l'horizon,
Aucune maison !
 Aucune !

Maint voleur te suit
La chose est, la nuit
 Commune.
Les dames des bois
Nous gardent parfois
 Rancune.
Elles vont errer :
Crains d'en rencontrer
 Quelqu'une.
Les lutins de l'air
Vont danser au clair
 De lune.

La chanson du Fou.

BALLADE DIXIÈME

Voyageur qui, la nuit, sur le pavé sonore
De ton chien inquiet passes accompagné,
Après le jour brûlant, pourquoi marcher encore ?
Où mènes-tu si tard ton cheval résigné ?

La nuit! — Ne crains-tu pas d'entrevoir la stature
Du brigand dont un sabre a chargé la ceinture?
Ou qu'un de ces vieux loups près des routes rôdants,
Qui du fer des coursiers méprisent l'étincelle,
D'un bond brusque et soudain s'attachant à ta selle,
Ne mêle à ton sang noir l'écume de ses dents?

Ne crains-tu pas surtout qu'un follet, à cette heure,
N'allonge sous tes pas le chemin qui te leurre,
Et ne te fasse, hélas! ainsi qu'aux anciens jours,
Rêvant quelque logis dont la vitre scintille,
Et le faisan doré par l'âtre qui pétille,
Marcher vers des clartés qui reculent toujours?

Crains d'aborder la plaine où le sabbat s'assemble,
Où les démons hurlants viennent danser ensemble;
Ces murs maudits par Dieu, par Satan profanés,
Ce magique château dont l'enfer sait l'histoire,
Et qui, désert le jour, quand tombe la nuit noire,
Enflamme ses vitraux dans l'ombre illuminés!

Voyageur isolé, qui t'éloignes si vite,
De ton chien inquiet la nuit accompagné,
Après le jour brûlant, quand le repos t'invite,
Où mènes-tu si tard ton cheval résigné?

Octobre 1825

A PAUL

LA CHASSE
DU BURGRAVE

Le vieux Faune en riait dans sa grotte sauvage.
SEGRAIS.

BALLADE ONZIÈME

« Daigne protéger notre chasse,
  » Châsse
» De monseigneur saint Godefroi,
  » Roi !

» Si tu fais ce que je désire,
» Sire,
» Nous t'édifierons un tombeau
» Beau ;

» Puis je te donne un cor d'ivoire ;
» Voire
» Un dais neuf à pans de velours
» Lourds,

» Avec dix chandelles de cire,
» Sire !
» Donc te prions à deux genoux,
» Nous,

» Nous qui, né de bons gentilshommes,
» Sommes
» Le seigneur burgrave Alexis
» Six ! »

Voilà ce que dit le burgrave
Grave
Au tombeau de saint Godefroi,
Froid.

BALLADE ONZIÈME

— « Mon page, emplis mon escarcelle ;
» Selle
» Mon cheval de Calatrava :
» Va !

» Piqueur, va convier le comte !
» Conte
» Que ma meute aboie en mes cours.
» Cours !

» Archers, mes compagnons de fêtes,
» Faites
» Votre épieu lisse et vos cornets
» Nets.

» Nous ferons ce soir une chère
» Chère ;
» Vous n'y recevrez, maître-queux,
» Qu'eux.

» En chasse, amis ! je vous invite.
» Vite
» En chasse ! allons courre les cerfs,
» Serfs ! —

Il part, et madame Isabelle,
Belle,
Dit gaiement, du haut des remparts :
« Pars ! »

Tous les chasseurs sont dans la plaine,
Pleine
D'ardents seigneurs, de sénéchaux
Chauds.

Ce ne sont que baillis et prêtres,
Reîtres
Qui savent traquer à pas lourds
L'ours;

Dames en brillants équipages,
Pages,
Fauconniers, clers, et peu bénins
Nains.

En chasse! — Le maître en personne
Sonne.
Fuyez! voici les paladins,
Daims!

BALLADE ONZIÈME

Il n'est pour vous comte d'Empire
   Pire
Que le vieux burgrave Alexis
   Six !

Fuyez ! — Mais un cerf dans l'espace
   Passe,
Et disparaît comme l'éclair
   Clair !

— « Taïaut les chiens ! taïaut les hommes !
   » Sommes
» D'argent et d'or payeront sa chair
   » Cher !

» Mon château pour ce cerf ! — Marraine,
   » Reine
» Des beaux sylphes et des follets
   » Laids !

» Donne-moi son bois pour trophée,
   » Fée !
» Mère du brave, et du chasseur
   » Sœur !

» Tout ce qu'un prêtre à sa madone
» Donne,
» Moi, je te le promets ici
» Si

» Notre main, ta serve et sujette,
» Jette
» Ce beau cerf qui s'enfuit là-bas
» Bas ! »

Du chasseur Noir craignant l'injure,
Jure
Le vieux burgrave haletant
Tant,

Que déjà sa meute qui jappe
Happe
Et fête le pauvre animal
Mal.

Il fuit. La bande malévole
Vole
Sur sa trace, et par le plus court
Court.

BALLADE ONZIÈME

Adieu clos, plaines diaprées,
      Prées,
Vergers fleuris, jardins sablés,
      Blés !

Le cerf, s'échappant de plus belle,
      Bêle ;
Un bois à sa course est ouvert,
      Vert.

Il entend venir sur ses traces
      Races
De chiens dont vous seriez jaloux,
      Loups ;

Piqueurs, ardentes haquenées,
      Nées
De ces étalons aux longs crins,
      Craints.

Leurs flancs, que de blancs harnois ceignent,
      Saignent
Des coups fréquents des éperons
      Prompts.

Le cerf, que le son de la trompe
 Trompe,
Se jette dans le bois épais... —
 Paix!

Hélas! en vain!... la meute cherche,
 Cherche,
Et là tu retentis encor,
 Cor!

Où fuir? dans le lac! Il s'y plonge,
 Longe
Le bord où maint buisson rampant
 Pend.

Ah! dans les eaux du lac agreste
 Reste!
Hélas! pauvre cerf aux abois,
 Bois.

Contre toi la fanfare ameute
 Meute,
Et veneurs sonnant du hautbois...
 Bois!

BALLADE ONZIÈME

Les archers sournois qui t'attendent
   Tendent
Leurs arcs dans l'épaisseur du bois...
   Bois !

Ils sont avides de carnage,
   Nage!
C'est ton seul espoir désormais !
   Mais

L'essaim, que sa chair palpitante
   Tente,
Après lui dans le lac profond
   Fond.

Il sort. — Plus d'espoir qui te leurre !
   L'heure
Vient où pour toi tout est fini.
   Ni

Tes pieds vifs, ni saint Marc de Leyde,
   L'aide
Du cerf qu'un chien, à demi mort,
   Mord,

Ne te sauveront des morsures
   Sûres
Des limiers ardents de courroux,
   Roux.

Vois ces chiens qu'un serf bas et lâche
   Lâche,
Vois les épieux à férir prêts,
   Près !

Meurs donc ! la fanfare méchante
   Chante
Ta chute au milieu des clameurs.
   Meurs !

Et ce soir, sur les délectables
   Tables,
Tu feras un excellent mets ;
   Mais

On t'a vengé. — Fille d'Autriche
   Triche
Quand l'hymen lui donne un barbon
   Bon.

BALLADE ONZIÈME

Or, sans son hôte le bon comte
        Compte ;
Il revient, quoique fatigué,
        Gai.

Et, tandis que ton sang ruisselle,
        Celle
Qu'épousa le comte Alexis
        Six

Sur le front ridé du burgrave
        Grave,
Pauvre cerf, des rameaux aussi ;
        Si

Qu'au burg vous rentrez à la brune,
        Brune,
Après un jour si hasardeux,
        Deux !

Janvier 1828.

LE PAS D'ARMES
DU ROI JEAN

—

    Plus de six cents lances y furent brisées ; on se battit à pied et à cheval, à la barrière, à coups d'épée et de pique, où partout les tenants et les assaillants ne firent rien qui ne répondît à la haute estime qu'ils s'étaient déjà acquise ; ce qui fit éclater ces tournois doublement. Enfin, au dernier, un gentilhomme nommé de Fontaines, beau-frère de Chandiou, grand prévôt des maréchaux, fut blessé à mort ; et au second encore, Saint-Aubin, autre gentilhomme, fut tué d'un coup de lance.

Ancienne chronique.

BALLADE DOUZIÈME

Çà, qu'on selle,
Écuyer,
Mon fidèle
Destrier !

Mon cœur ploie
Sous la joie,
Quant je broie
L'étrier.

Par saint Gille,
Viens-nous-en,
Mon agile
Alezan;
Viens, écoute,
Par la route,
Voir la joute
Du roi Jean.

Qu'un gros carme
Chartrier
Ait pour arme
L'encrier;
Qu'une fille,
Sous la grille,
S'égosille
A prier;

Nous qui sommes,
De par Dieu,
Gentilshommes

BALLADE DOUZIÈME

De haut lieu,
Il faut faire
Bruit sur terre,
Et la guerre
N'est qu'un jeu.

Ma vieille âme
Enrageait,
Car ma lame
Que rongeait
Cette rouille,
Qui la souille,
En quenouille
Se changeait.

Cette ville
Aux longs cris,
Qui profile
Son front gris,
Des toits frêles,
Cent tourelles,
Clochers grêles,
C'est Paris!

Quelle foule,
Par mon sceau!

Qui s'écoule
En ruisseau,
Et se rue,
Incongrue,
Par la rue
Saint-Marceau !

Notre-Dame !
Que c'est beau !
Sur mon âme
De corbeau,
Voudrais être
Clerc ou prêtre
Pour y mettre
Mon tombeau !

Les quadrilles,
Les chansons,
Mêlent filles
Et garçons.
Quelles fêtes !
Que de têtes
Sur les faîtes
Des maisons !

Un maroufle,
Mis à neuf,

Joue et souffle,
Comme un bœuf,
Une marche
De Luzarche
Sur chaque arche
Du Pont-Neuf.

Le vieux Louvre! —
Large et lourd,
Il ne s'ouvre
Qu'au grand jour,
Emprisonne
La couronne
Et bourdonne
Dans sa tour.

Los aux dames!
Au roi los!
Vois les flammes
Du champ clos,
Où la foule
Qui s'écoule
Hurle et roule
A grands flots!

Sans attendre,
Çà, piquons!

L'œil bien tendre,
Attaquons,
De nos selles,
Les donzelles,
Roses, belles,
Aux balcons.

Saulx-Tavanne,
Le ribaud,
Se pavane;
Et Chabot,
Qui ferraille,
Bossu, raille
Mons Fontraille
Le pied bot.

Là-bas Serge,
Qui fit vœu
D'aller vierge
Au saint lieu;
Là, Lothaire,
Duc sans terre;
Sauveterre,
Diable et dieu.

Le vidame
De Conflans

BALLADE DOUZIÈME

Suit sa dame
A pas lents,
Et plus d'une
S'importune
De la brune
Aux bras blancs.

Là-haut brille,
Sur ce mur,
Yseult, fille
Au front pur;
Là-bas, seules,
Force aïeules
Portant gueules
Sur azur.

Dans la lice
Vois encor
Berthe, Alice,
Léonor,
Dame Irène,
Ta marraine
Et la reine
Toute en or.

Dame Irène
Parle ainsi :

— Quoi! la reine
Triste ici!
Son Altesse
Dit : — Comtesse,
J'ai tristesse
Et souci.

On commence!
Le beffroi!
Coups de lance,
Cris d'effroi!
On se forge,
On s'égorge,
Par saint George
Par le roi!

La cohue,
Flot de fer,
Frappe, hue,
Remplit l'air,
Et, profonde,
Tourne et gronde,
Comme une onde
Sur la mer!

Dans la plaine
Un éclair

Se promène
Vaste et clair !
Quels mélanges !
Sang et franges !
Plaisirs d'anges !
Bruit d'enfer !

Sus, ma bête,
De façon
Que je fête
Ce grison !
Je te baille,
Pour ripaille,
Plus de paille,
Plus de son,

Qu'un gros frère,
Gai, friand,
Ne peut faire,
Mendiant
Par les places
Où tu passes,
De grimaces
En priant !

Dans l'orage,
Lis courbé,

Un beau page
Est tombé.
Il se pâme,
Il rend l'âme;
Il réclame
Un abbé.

La fanfare
Aux sons d'or,
Qui t'effare,
Sonne encor
Pour sa chute,
Triste lutte
De la flûte
Et du cor!

Moines, vierges,
Porteront
De grands cierges
Sur son front;
Et, dans l'ombre
Du lieu sombre,
Deux yeux d'ombre
Pleureront.

Car madame
Isabeau

Suit son âme
Au tombeau.
Que d'alarmes !
Que de larmes !...
Un pas d'armes,
C'est très-beau !

Çà, mon frère,
Viens, rentrons
Dans notre aire
De barons ;
Va plus vite,
Car au gîte
Qui t'invite,
Trouverons,

Toi, l'avoine
Du matin,
Moi le moine
Augustin,
Ce saint homme
Suivant Rome,
Qui m'assomme
De latin,

Et rédige
En romain

Tout prodige
De ma main,
Qu'à ma charge
Il émarge
Sur un large
Parchemin.

Un vrai sire
Châtelain
Laisse écrire
Le vilain;
Sa main digne,
Quand il signe,
Égratigne
Le vélin.

Juin 1828.

A M. LOUIS BOULANGER

LA LÉGENDE
DE LA NONNE

> Acabóse vuestro bien,
> Y vuestros males no acaban.
> *Reproches al rey Rodrigo.*

BALLADE TREIZIÈME

Venez, vous dont l'œil étincelle,
Pour entendre une histoire encor ;
Approchez : je vous dirai celle
De doña Padilla del Flor.

Elle était d'Alanje, où s'entassent
Les collines et les halliers. —
Enfant, voici des bœufs qui passent,
Cachez vos rouges tabliers!

Il est des filles à Grenade,
Il en est à Séville aussi,
Qui, pour la moindre sérénade,
A l'amour demandent merci;
Il en est que d'abord embrassent,
Le soir, les hardis cavaliers. —
Enfants, voici des bœufs qui passent,
Cachez vos rouges tabliers!

Ce n'est pas sur ce ton frivole
Qu'il faut parler de Padilla,
Car jamais prunelle espagnole
D'un feu plus chaste ne brilla;
Elle fuyait ceux qui pourchassent
Les filles sous les peupliers. —
Enfants, voici des bœufs qui passent,
Cachez vos rouges tabliers!

Rien ne touchait ce cœur farouche,
Ni doux soins ni propos joyeux;

BALLADE TREIZIÈME

Pour un mot d'une belle bouche,
Pour un signe de deux beaux yeux,
On sait qu'il n'est rien que ne fassent
Les seigneurs et les bacheliers. —
Enfants, voici des bœufs qui passent,
Cachez vos rouges tabliers !

Elle prit le voile à Tolède,
Au grand soupir des gens du lieu,
Comme si, quand on n'est pas laide,
On avait droit d'épouser Dieu.
Peut s'en fallut que ne pleurassent
Les soudards et les écoliers. —
Enfants, voici des bœufs qui passent,
Cachez vos rouges tabliers !

Mais elle disait : « Loin du monde,
» Vivre et prier pour les méchants,
» Quel bonheur ! quelle paix profonde
» Dans la prière et dans les chants !
» Là, si les démons nous menacent,
» Les anges sont nos boucliers. » —
Enfants, voici des bœufs qui passent,
Cachez vos rouges tabliers !

Or, la belle à peine cloîtrée,
Amour dans son cœur s'installa.

Un fier brigand de la contrée
Vint alors et dit : Me voilà !
Quelquefois les brigands surpassent
En audace les chevaliers. —
Enfants, voici des bœufs qui passent,
Cachez vos rouges tabliers !

Il était laid : des traits austères,
La main plus rude que le gant ;
Mais l'amour a bien des mystères,
Et la nonne aima le brigand.
On voit des biches qui remplacent
Leurs beaux cerfs par des sangliers. —
Enfants, voici des bœufs qui passent,
Cachez vos rouges tabliers !

Pour franchir la sainte limite,
Pour approcher du saint couvent,
Souvent le brigand d'un ermite
Prenait le cilice, et souvent
La cotte de maille où s'enchâssent
Les croix noires des templiers. —
Enfants, voici des bœufs qui passent,
Cachez vos rouges tabliers !

La nonne osa, dit la chronique,
Au brigand, par l'enfer conduit,

BALLADE TREIZIÈME

Aux pieds de sainte Véronique,
Donner un rendez-vous la nuit,
A l'heure où les corbeaux croassent,
Volant dans l'ombre par milliers. —
Enfants, voici des bœufs qui passent,
Cachez vos rouges tabliers !

Padilla voulait, anathème !
Oubliant sa vie en un jour,
Se livrer dans l'église même,
Sainte à l'enfer, vierge à l'amour,
Jusqu'à l'heure pâle où s'effacent
Les cierges sur les chandeliers. —
Enfants, voici des bœufs qui passent,
Cachez vos rouges tabliers !

Or, quand, dans la nef descendue,
La nonne appela le bandit,
Au lieu de la voix attendue,
C'est la foudre qui répondit.
Dieu voulut que ses coups frappassent
Les amants par Satan liés. —
Enfants, voici des bœufs qui passent,
Cachez vos rouges tabliers !

Aujourd'hui, des fureurs divines
Le pâtre enflammant ses récits,

Vous montre au penchant des ravines
Quelques tronçons de murs noircis,
Deux clochers que les ans crevassent,
Dont l'abri tuerait les béliers. —
Enfants, voici des bœufs qui passent,
Cachez vos rouges tabliers!

Quand la nuit, du cloître gothique
Brunissant les portails béants,
Change à l'horizon fantastique
Les deux clochers en deux géants;
A l'heure où les corbeaux croassent,
Volant dans l'ombre par milliers... —
Enfants, voici des bœufs qui passent,
Cachez vos rouges tabliers!

Une nonne avec une lampe,
Sort d'une cellule à minuit;
Le long des murs le spectre rampe,
Un autre fantôme le suit;
Des chaînes sur leurs pieds s'amassent;
De lourds carcans sont leurs colliers. —
Enfants, voici des bœufs qui passent,
Cachez vos rouges tabliers?

La lampe vient, s'éclipse, brille,
Sous les arceaux court se cacher,

Puis tremble derrière une grille,
Puis scintille au bout d'un clocher ;
Et ses rayons dans l'ombre tracent
Des fantômes multipliés. —
Enfants, voici des bœufs qui passent,
Cachez vos rouges tabliers !

Les deux spectres, qu'un feu dévore,
Traînant leur suaire en lambeaux,
Se cherchent pour s'unir encore,
En trébuchant sur des tombeaux ;
Leurs pas aveugles s'embarrassent
Dans les marches des escaliers. —
Enfants, voici des bœufs qui passent,
Cachez vos rouges tabliers !

Mais ce sont des escaliers fées
Qui sous eux s'embrouillent toujours,
L'un est aux caves étouffées,
Quand l'autre marche au front des tours ;
Sous leurs pieds sans fin se déplacent
Les étages et les paliers. —
Enfants, voici des bœufs qui passent,
Cachez vos rouges tabliers !

Élevant leurs voix sépulcrales,
Se cherchant les bras étendus,

Ils vont... les magiques spirales
Mêlent leurs pas toujours perdus;
Ils s'épuisent et se harassent
En détours sans cesse oubliés. —
Enfants, voici des bœufs qui passent,
Cachez vos rouges tabliers!

La pluie alors, à larges gouttes,
Bat les vitraux frêles et froids;
Le vent siffle aux brèches des voûtes;
Une plainte sort des beffrois;
On entend des soupirs qui glacent,
Des rires d'esprits familiers. —
Enfants, voici des bœufs qui passent,
Cachez vos rouges tabliers!

Une voix faible, une voix haute,
Disent : « Quand finiront les jours?
Ah! nous souffrons par notre faute;
Mais l'éternité, c'est toujours!
Là, les mains des heures se lassent
A retourner les sabliers... » —
Enfants, voici des bœufs qui passent,
Cachez vos rouges tabliers!

L'enfer, hélas! ne peut s'éteindre.
Toutes les nuits dans ce manoir,

Se cherchent sans jamais s'atteindre
Une ombre blanche, un spectre noir,
Jusqu'à l'heure pâle où s'effacent
Les cierges sur les chandeliers. —
Enfants, voici des bœufs qui passent,
Cachez vos rouges tabliers !

Si, tremblant à ces bruits étranges,
Quelque nocturne voyageur
En se signant demande aux anges
Sur qui sévit le Dieu vengeur,
Des serpents de feu qui s'enlacent
Tracent deux noms sur les piliers. —
Enfants, voici des bœufs qui passent,
Cachez vos rouges tabliers !

Cette histoire de la novice,
Saint Ildefonse, abbé, voulut
Qu'afin de préserver du vice
Les vierges qui font leur salut,
Les prieures la racontassent
Dans tous les couvents réguliers. —
Enfants, voici des bœufs qui passent,
Cachez vos rouges tabliers !

Avril 1828.

A M. CHARLES N.

LA
RONDE DU SABBAT

> Hic chorus ingens
> ... Colit orgia.
> AVIENUS.

BALLADE QUATORZIÈME

Voyez devant les murs de ce noir monastère
La lune se voiler, comme pour un mystère!
L'esprit de minuit passe, et, répandant l'effroi,
Douze fois se balance au battant du beffroi.

Le bruit ébranle l'air, roule, et longtemps encore
Gronde, comme enfermé sous la cloche sonore.
Le silence retombe avec l'ombre... Écoutez!
Qui pousse ces clameurs? qui jette ces clartés?
Dieu! les voûtes, les tours, les portes découpées,
D'un long réseau de feu semblent enveloppées,
Et l'on entend l'eau sainte, où trempe un buis bénit,
Bouillonner à grands flots dans l'urne de granit!...
A nos patrons du ciel recommandons nos âmes!
Parmi les rayons bleus, parmi les rouges flammes,
Avec des cris, des chants, des soupirs, des abois,
Voilà que de partout, des eaux, des monts, des bois,
Les larves, les dragons, les vampires, les gnomes,
Des monstres dont l'enfer rêve seul les fantômes,
La sorcière échappée aux sépulcres déserts,
Volant sur le bouleau qui siffle dans les airs,
Les nécromants, parés de tiares mystiques,
Où brillent flamboyants les mots cabalistiques,
Et les graves démons, et les lutins rusés,
Tous, par les toits rompus, par les portails brisés,
Par les vitraux détruits, que mille éclairs sillonnent,
Entrent dans le vieux cloître où leurs flots tourbillonnent!
Debout au milieu d'eux, leur prince, Lucifer,
Cache un front de taureau sous la mitre de fer;
La chasuble a voilé son aile diaphane,
Et sur l'autel croulant il pose un pied profane.
O terreur! Les voilà qui chantent dans ce lieu
Où veille incessamment l'œil éternel de Dieu.

Les mains cherchent les mains. Soudain la ronde immense
Comme un ouragan sombre en tournoyant commence.
A l'œil, qui n'en pourrait embrasser le contour,
Chaque hideux convive apparaît à son tour;
On croirait voir l'enfer tourner dans les ténèbres
Son zodiaque affreux, plein de signes funèbres.
Tous volent, dans le cercle emportés à la fois.
Satan règle du pied les éclats de leur voix;
Et leurs pas, ébranlant les arches colossales,
Troublent les morts couchés sous le pavé des salles.

  « Mêlons-nous sans choix !
  » Tandis que la foule
  » Autour de lui roule,
  » Satan, joyeux, foule
  » L'autel et la croix.
  » L'heure est solennelle.
  » La flamme éternelle
  » Semble, sur son aile,
  » La pourpre des rois ! »

Et leurs pas, ébranlant les arches colossales,
Troublent les morts couchés sous le pavé des salles.

« Oui, nous triomphons!
» Venez, sœurs et frères,
» De cent points contraires,
» Des lieux funéraires,
» Des antres profonds.
» L'enfer vous escorte :
» Venez en cohorte
» Sur des chars qu'emporte
» Le vol des griffons! »

Et leurs pas, ébranlant les arches colossales,
Troublent les morts couchés sous le pavé des salles.

« Venez sans remords!
» Nains aux pieds de chèvre,
» Goules, dont la lèvre
» Jamais ne se sèvre
» Du sang noir des morts!
» Femmes infernales,
» Accourez rivales!
» Pressez vos cavales
» Qui n'ont point de mors! »

Et leurs pas, ébranlant les arches colossales,
Troublent les morts couchés sous le pavé des salles.

« Juifs, par Dieu frappés,
» Zingaris, bohèmes,
» Chargés d'anathèmes,
» Follets, spectres blêmes
» La nuit échappés,
» Glissez sur la brise,
» Montez sur la frise
» Du mur qui se brise,
» Volez ou rampez! »

Et leurs pas, ébranlant les arches colossales,
Troublent les morts couchés sous le pavé des salles.

« Venez, boucs méchants,
» Psylles aux corps grêles,
» Aspioles frêles,
» Comme un flot de grêles,
» Fondre dans ces champs!
» Plus de discordance!
» Venez en cadence
» Élargir la danse,
» Répéter les chants! »

Et leurs pas, ébranlant les arches colossales,
Troublent les morts couchés sous le pavé des salles.

« Qu'en ce beau moment
» Les clercs en magie
» Brûlent dans l'orgie
» Leur barbe rougie
» D'un sang tout fumant !
» Que chacun envoie
» Au feu quelque proie,
» Et sous ses dents broie
» Un pâle ossement ! »

Et leurs pas, ébranlant les arches colossales,
Troublent les morts couchés sous le pavé des salles.

« Riant au saint lieu,
» D'une voix hardie
» Satan parodie
» Quelque psalmodie
» Selon saint Matthieu,
» Et, dans la chapelle
» Où son roi l'appelle,
» Un démon épelle
» Le livre de Dieu ! »

Et leurs pas, ébranlant les arches colossales,
Troublent les morts couchés sous le pavé des salles.

« Sorti des tombeaux,
» Que dans chaque stalle
» Un faux moine étale
» La robe fatale
» Qui brûle ses os;
» Et qu'un noir lévite
» Attache bien vite
» La flamme maudite
» Aux sacrés flambeaux ! »

Et leurs pas, ébranlant les arches colossales,
Troublent les morts couchés sous le pavé des salles.

« Satan vous verra !
» De vos mains grossières
» Parmi des poussières
» Écrivez, sorcières :
» ABRACADABRA !
» Volez, oiseaux fauves,
» Dont les ailes chauves
» Aux ciels des alcôves
» Suspendent Smarra ! »

Et leurs pas, ébranlant les arches colossales,
Troublent les morts couchés sous le pavé des salles.

« Voici le signal !
» L'enfer nous réclame :
» Puisse un jour toute âme
» N'avoir d'autre flamme
» Que son noir fanal !
» Puisse notre ronde,
» Dans l'ombre profonde,
» Enfermer le monde
» D'un cercle infernal ! »

L'aube pâle a blanchi les arches colossales.
Il fuit, l'essaim confus des démons dispersés !
Et les morts, rendormis sous le pavé des salles,
Sur leurs chevets poudreux posent leurs fronts glacés.

Octobre 1825.

LA FÉE ET LA PÉRI

> Leur ombre vagabonde à travers le feuillage
> Frémira; sur les vents ou sur quelque nuage,
> Tu les verras descendre; ou, du sein de la mer
> S'élevant comme un songe, étinceler dans l'air;
> Et leur voix, toujours tendre et doucement plaintive!
> Caresser en fuyant ton oreille attentive.
>
> ANDRÉ CHÉNIER.

BALLADE QUINZIÈME

I

Enfants, si vous mouriez, gardez bien qu'un esprit
De la route des cieux ne détourne votre âme!
Voici ce qu'autrefois un vieux sage m'apprit : —
Quelques démons sauvés de l'éternelle flamme,

Rebelles moins pervers que l'archange proscrit,
Sur la terre, où le feu, l'onde ou l'air les réclame,
Attendent, exilés, le jour de Jésus-Christ.
Il en est qui, bannis des célestes phalanges,
Ont de si douces voix, qu'on les prend pour des anges.
Craignez-les : pour mille ans exclus du paradis,
Ils vous entraîneraient, enfants, au purgatoire ! —
Ne me demandez pas d'où me vient cette histoire :
Nos pères l'ont contée, et moi, je la redis.

II

LA PÉRI

Où vas-tu donc, jeune âme ?... Écoute !
Mon palais pour toi veut s'ouvrir ;
Suis-moi, des cieux quitte la route :
Hélas ! tu t'y perdrais sans doute,
Nouveau-né qui viens de mourir !

Tu pourras jouer à toute heure
Dans mes beaux jardins aux fruits d'or ;
Et de ma riante demeure
Tu verras la mère qui pleure
Près de ton berceau tiède encor.

Des péris je suis la plus belle :
Mes sœurs règnent où naît le jour ;
Je brille en leur troupe immortelle,
Comme entre les fleurs brille celle
Que l'on cueille en rêvant d'amour.

Mon front porte un turban de soie;
Mes bras de rubis sont couverts;
Quand mon vol ardent se déploie,
L'aile de pourpre qui tournoie
Roule trois yeux de flamme ouverts.

Plus blanc qu'une lointaine voile,
Mon corps n'en a point la pâleur;
En quelque lieu qu'il se dévoile,
Il l'éclaire comme une étoile,
Il l'embaume comme une fleur!

LA FÉE

Viens, bel enfant! je suis la fée;
Je règne aux bords où le soleil
Au sein de l'onde réchauffée
Se plonge, éclatant et vermeil.
Les peuples d'Occident m'adorent :
Les vapeurs de leur ciel se dorent

Lorsque je passe en les touchant ;
Reine des ombres léthargiques,
Je bâtis mes palais magiques
Dans les nuages du couchant.

Mon aile bleue est diaphane :
L'essaim des sylphes enchantés
Croit voir sur mon dos, quand je plane,
Frémir deux rayons argentés.
Ma main luit, rose et transparente ;
Mon souffle est la brise odorante
Qui, le soir, erre dans les champs ;
Ma chevelure est radieuse,
Et ma bouche mélodieuse
Mêle un sourire à tous ses chants !

J'ai des grottes de coquillages,
J'ai des tentes de rameaux verts ;
C'est moi que bercent les feuillages,
Moi que berce le flot des mers.
Si tu me suis, ombre ingénue,
Je puis t'apprendre où va la nue,
Te montrer d'où viennent les eaux ;
Viens, sois ma compagne nouvelle,
Si tu veux que je te révèle
Ce que dit la voix des oiseaux.

III

LA PÉRI

Ma sphère est l'Orient, région éclatante
Où le soleil est beau comme un roi dans sa tente !
Son disque s'y promène en un ciel toujours pur.
Ainsi, portant l'émir d'une riche contrée,
    Aux sons de la flûte sacrée,
Vogue un navire d'or sur une mer d'azur.

Tous les dons ont comblé la zone orientale.
Dans tout autre climat, par une loi fatale,
Près des fruits savoureux croissent les fruits amers,
Mais Dieu, qui pour l'Asie a des yeux moins austères,
    Y donne plus de fleurs aux terres,
Plus d'étoiles aux cieux, plus de perles aux mers.

Mon royaume s'étend depuis ces catacombes
Qui paraissent des monts et ne sont que des tombes
Jusqu'à ce mur qu'un peuple ose en vain assiéger,
Qui, tel qu'une ceinture où le Cathay respire,
    Environnant tout un empire,
Garde dans l'univers comme un monde étranger.

J'ai de vastes cités qu'en tous lieux on admire :
Lahore aux champs fleuris, Golconde, Cachemire,
La guerrière Damas, la royale Ispahan,
Bagdad, que ses remparts couvrent comme une armure,
    Alep, dont l'immense murmure
Semble au pâtre lointain le bruit d'un océan.

Mysore est sur son trône une reine placée;
Médine aux mille tours, d'aiguilles hérissée,
Avec ses flèches d'or, ses kiosques brillants,
Est comme un bataillon arrêté dans les plaines,
    Qui, parmi ses tentes hautaines,
Élève une forêt de dards étincelants.

On dirait qu'au désert Thèbes, debout encore,
Attend son peuple entier, absent depuis l'aurore.
Madras a deux cités en ses larges contours.
Plus loin brille Delhy, la ville sans rivales;
    Et sous ses portes triomphales
Douze éléphants de front passent avec leurs tours.

Bel enfant, viens errer parmi tant de merveilles,
Sur ces toits pleins de fleurs, ainsi que des corbeilles,
Dans le camp vagabond des Arabes ligués.
Viens; nous verrons danser les jeunes bayadères,
    Le soir, lorsque les dromadaires
Près du puits du désert s'arrêtent fatigués.

Là, sous de verts figuiers, sous d'épais sycomores,
Luit le dôme d'étain du minaret des Maures;
La pagode de nacre au toit rose et changeant :
La tour de porcelaine aux clochettes dorées,
  Et, dans les jonques azurées,
Le palanquin de pourpre aux longs rideaux d'argent.

J'écarterai pour toi les rameaux du platane
Qui voile dans son bain la rêveuse sultane;
Viens, nous rassurerons contre un ingrat oubli
La vierge, qui, timide, ouvrant la nuit sa porte,
  Écoute si le vent lui porte
La voix qu'elle préfère au chant du bengali.

L'Orient fut jadis le paradis du monde. —
Un printemps éternel de ses roses l'inonde,
Et ce vaste hémisphère est un riant jardin.
Toujours autour de nous sourit la douce joie;
  Toi qui gémis, suis notre voie :
Que t'importe le ciel quand je t'ouvre l'Éden?

LA FÉE

L'Occident nébuleux est ma patrie heureuse.
Là, variant dans l'air sa forme vaporeuse,
Fuit la blanche nuée; et de loin, bien souvent,
Le mortel isolé qui, radieux ou sombre,

Poursuit un songe ou pleure une ombre,
Assis, la contemple en rêvant !

Car il est des douceurs, pour les âmes blessées,
Dans les brumes du lac sur nos bois balancées ;
Dans nos monts où l'hiver semble à jamais s'asseoir.
Dans l'étoile, pareille à l'espoir solitaire,
Qui vient, quand le jour fuit la terre,
Mêler son orient au soir.

Nos cieux voilés plairont à ta douleur amère,
Enfant que Dieu retire et qui pleures ta mère !
Viens, l'écho des vallons, les soupirs du ruisseau,
Et la voix des forêts au bruit des vents unie,
Te rendront la vague harmonie
Qui t'endormait dans ton berceau !

Crains des bleus horizons le cercle monotone.
Les brouillards, les vapeurs, le nuage qui tonne,
Tempèrent le soleil dans nos cieux parvenu ;
Et l'œil voit au loin fuir leurs lignes nébuleuses,
Comme des flottes merveilleuses
Qui viennent d'un monde inconnu !

C'est pour moi que les vents font, sur nos mers bruyantes,
Tournoyer l'air et l'onde en trombes foudroyantes ;

La tempête, à mes chants, suspend son vol fatal ;
L'arc-en-ciel pour mes pieds, qu'un or fluide arrose,
    Comme un pont de nacre se pose
    Sur les cascades de cristal.

Du mauresque Alhambra j'ai les frêles portiques,
J'ai la grotte enchantée aux piliers basaltiques,
Où la mer de Staffa brise un flot inégal ;
Et j'aide le pêcheur, roi des vagues brumeuses,
    A bâtir ses huttes fumeuses
    Sur les vieux palais de Fingal.

Épouvantant les nuits d'une trompeuse aurore,
Là, souvent à ma voix un rouge météore
Croise en voûte de feu ses gerbes dans les airs,
Et le chasseur, debout sur la roche pendante,
    Croit voir une comète ardente
    Baignant ses flammes dans les mers !

Viens, jeune âme, avec moi, de mes sœurs obéie,
Peupler de gais follets la morose abbaye ;
Mes nains et mes géants te suivront à ma voix ;
Viens, troublant de ton cor les monts inaccessibles,
    Guider ces meutes invisibles
    Qui la nuit chassent dans nos bois.

Tu verras les barons, sous leurs tours féodales,
De l'humble pèlerin détachant les sandales ;

Et les sombres créneaux d'écussons décorés;
Et la dame tout bas priant, pour un beau page,
    Quelque mystérieuse image
    Peinte sur des vitraux dorés.

C'est nous qui, visitant les gothiques églises,
Ouvrons leur nef sonore au murmure des brises;
Quand la lune du tremble argente les rameaux,
Le pâtre voit dans l'air, avec des chants mystiques,
    Folâtrer nos chœurs fantastiques
    Autour du clocher des hameaux.

De quels enchantements l'Occident se décore! —
Viens, le ciel est bien loin, ton aile est faible encore!
Oublie en notre empire un voyage fatal.
Un charme s'y révèle aux lieux les plus sauvages;
    Et l'étranger dit nos rivages
    Plus doux que le pays natal.

IV

Et l'enfant hésitait, et, déjà moins rebelle,
Écoutait des esprits l'appel fallacieux;
La terre qu'il fuyait semblait pourtant si belle! —
Soudain il disparut à leur vue infidèle...
    Il avait entrevu les cieux!

Juillet 1824.

LES
ORIENTALES

L'auteur de ce recueil n'est pas de ceux qui reconnaissent à la critique le droit de questionner le poëte sur sa fantaisie et de lui demander pourquoi il a choisi tel sujet, broyé telle couleur, cueilli à tel arbre, puisé à telle source. L'ouvrage est-il bon, ou est-il mauvais? voilà tout le domaine de la critique. Du reste, ni louanges ni reproches pour les couleurs employées, mais seulement pour la façon dont elles sont employées. A voir les choses d'un peu haut, il n'y a en poésie ni bons ni mauvais sujets, mais de bons et de mauvais poëtes. D'ailleurs, tout est sujet; tout relève de l'art; tout a droit de cité en poésie. Ne nous enquérons donc pas du motif qui vous a fait prendre ce sujet triste ou gai, horrible ou gracieux, éclatant ou sombre, étrange ou simple, plutôt que cet autre. Examinons comment vous avez travaillé, non sur quoi et pourquoi.

Hors de là, la critique n'a pas de raison à demander, le poëte pas de compte à rendre. L'art n'a que faire des lisières, des menottes, des bâillons; il vous dit : Va! et vous lâche dans ce grand jardin de poésie où il n'y a pas de fruit défendu. L'espace et le temps sont au poëte. Que le poëte donc aille où il veut en faisant ce qu'il lui plaît : c'est la loi. Qu'il croie en Dieu ou aux dieux, à Pluton ou à Satan, à Canidie ou à Morgane, ou à rien; qu'il acquitte le péage du Styx, qu'il soit du sabbat; qu'il écrive en prose ou en vers, qu'il sculpte en marbre ou coule en bronze; qu'il prenne pied dans tel siècle ou dans tel climat; qu'il soit du Midi, du Nord, de l'Occident, de l'Orient; qu'il soit antique ou moderne; que sa muse soit une Muse ou une fée, qu'elle se drape de la colocasia ou s'ajuste la cotte-hardie : c'est à merveille; le poëte est libre. Mettons-nous à son point de vue, et voyons.

L'auteur insiste sur ces idées, si évidentes qu'elles paraissent, parce qu'un certain nombre d'*Aristarques* n'en est pas encore à les admettre pour telles. Lui-même, si peu de place qu'il tienne dans la littérature contemporaine, il a été plus d'une fois l'objet de ces méprises de la critique. Il est advenu souvent qu'au lieu de lui dire simplement : Votre livre est mauvais, on lui a dit : Pourquoi avez-vous fait ce livre? Pourquoi ce sujet? Ne voyez-vous point que l'idée première est horrible, grotesque, absurde (n'importe!), et que le sujet chevauche hors des *limites de l'art?* Cela n'est pas joli, cela n'est pas gracieux. Pourquoi ne point traiter des sujets qui nous plaisent et nous agréent? Les étranges caprices que vous avez là! etc., etc. À quoi il a toujours fermement répondu que ces caprices étaient ses caprices; qu'il ne savait pas en quoi étaient faites les *limites de l'art;* que de géographie précise du monde intellectuel, il n'en connaissait point; qu'il n'avait point encore vu de cartes routières de l'art, avec les frontières du possible et de l'impossible tracées en rouge et en bleu; qu'enfin il avait fait cela parce qu'il avait fait cela.

Si donc aujourd'hui quelqu'un lui demande à quoi bon ces *Orientales*, qui a pu lui inspirer de s'aller promener en Orient pendant tout un volume, que signifie ce livre inutile de pure poésie jeté au milieu des préoccupations graves du public et au seuil d'une session, où est l'opportunité, à quoi rime l'Orient... il répondra qu'il n'en sait rien, que c'est une idée qui lui a pris, et qui lui a pris d'une façon assez ridicule, l'été passé, en allant voir coucher le soleil.

Il regrettera seulement que le livre ne soit pas meilleur.

Et puis, pourquoi n'en serait-il pas d'une littérature dans son ensemble, et en particulier de l'œuvre d'un poëte, comme de ces belles vieilles villes d'Espagne, par exemple, où vous trouvez tout : fraîche promenade d'orangers le long d'une rivière; larges places ouvertes au grand soleil pour les fêtes; rues étroites, tortueuses, quelquefois obscures, où se lient les unes aux autres mille maisons de toute forme, de tout âge, hautes, basses, noires, blanches, peintes, sculptées; labyrinthe d'édifices dressés côte à côte, pêle-mêle; palais, hospices, couvents, casernes, tous divers, tous portant leur destination écrite dans leur architecture; marchés pleins de peuple et de bruit; cimetière où les vivants se taisent comme les morts; ici, le théâtre avec ses clinquants, sa fanfare et ses oripeaux; là-bas, le vieux gibet permanent, dont la pierre est vermoulue, dont le fer est rouillé, avec quelque squelette qui craque au vent; — au centre, la grande cathédrale gothique avec ses hautes flèches tailladées en scies, sa large tour du bourdon, ses cinq portails brodés de bas-reliefs, sa frise à jour comme une collerette, ses solides arcs-boutants, si frêles à l'œil; et puis ses cavités profondes, sa forêt de piliers à chapiteaux bizarres, ses chapelles ardentes, ses myriades de saints et de châsses, ses colonnettes en gerbes, ses rosaces, ses ogives, ses lancettes qui se touchent à l'abside et en font comme une cage de vitraux, son maître-autel aux milles cierges; merveilleux édifice, imposant par sa masse, curieux par ses détails, beau à deux lieues et beau à deux pas; — et enfin, à l'autre bout de la ville, cachée sous les sycomores et les palmiers, la mosquée orientale, aux dômes de cuivre et d'étain, aux portes peintes, aux parois vernissées, avec son jour d'en haut, ses grêles arcades, ses cassolettes qui fument jour et nuit; ses versets du Coran sur chaque porte, ses sanctuaires éblouissants, et la mosaïque de son pavé, et la mosaïque de ses murailles; épanouie au soleil comme une large fleur pleine de parfums.

Certes, ce n'est pas l'auteur de ce livre qui réalisera jamais un ensemble d'œuvres auquel puisse s'appliquer la comparaison qu'il a cru pouvoir hasarder. Toutefois, sans espérer que l'on trouve dans ce qu'il a déjà bâti même quelque ébauche informe des monuments qu'il vient d'indiquer, soit la cathédrale gothique, soit le théâtre, soit encore le hideux gibet; si on lui demandait ce qu'il a voulu faire ici, il dirait que c'est la mosquée.

Il ne se dissimule pas, pour le dire en passant, que bien des critiques le trouveront hardi et insensé de souhaiter pour la France une littérature qu'on puisse comparer à une ville du moyen âge. C'est là une des imaginations les plus folles où l'on se puisse aventurer. C'est vouloir hautement le désordre, la profusion, la bizarrerie, le mauvais goût. Qu'il vaut bien mieux une belle et correcte nudité, de grandes murailles toutes *simples*, comme on dit, avec quelques ornements sobres et de *bon goût :* des oves et des volutes, un bouquet de bronze pour les corniches, un nuage de marbre avec des têtes d'anges pour les voûtes, une flamme de pierre pour les frises, et puis des oves et des volutes ! Le château de Versailles, la place Louis XV, la rue de Rivoli : voilà. Parlez-moi d'une belle littérature tirée au cordeau !

Les autres peuples disent : Homère, Dante, Shakspeare. Nous disons : Boileau.

Mais passons.

En y réfléchissant, si cela pourtant vaut la peine qu'on y réfléchisse, peut-être trouvera-t-on moins étrange la fantaisie qui a produit ces *Orientales*. On s'occupe aujourd'hui, et ce résultat est dû à mille causes qui toutes ont amené un progrès, on s'occupe beaucoup plus de l'Orient qu'on ne l'a jamais fait. Les études orientales n'ont jamais été poussées si avant. Au siècle de Louis XIV, on était helléniste, maintenant on est orientaliste. Il y a un pas de fait. Jamais tant d'intelligences n'ont fouillé à la fois ce grand abîme de l'Asie. Nous avons aujourd'hui un savant cantonné dans chacun des idiomes de l'Orient, depuis la Chine jusqu'à l'Égypte.

Il résulte de tout cela que l'Orient, soit comme image, soit comme pensée, est devenu pour les intelligences autant que pour les imaginations une sorte de préoccupation générale à laquelle l'auteur de ce livre a obéi peut-être à son insu. Les couleurs orientales sont venues comme d'elles-mêmes empreindre toutes ses pensées, toutes ses rêveries ; et ses rêveries et ses pensées se sont trouvées tour à tour, et presque sans l'avoir voulu, hébraïques, turques, grecques, persanes, arabes, espagnoles même ; car l'Espagne, c'est encore l'Orient : l'Espagne est à demi africaine, l'Afrique est à demi asiatique.

Lui s'est laissé faire à cette poésie qui lui venait. Bonne ou mauvaise, il l'a acceptée et en a été heureux. D'ailleurs, il avait toujours eu une vive sympathie de poëte, qu'on lui pardonne d'usurper un moment ce titre, pour le monde oriental. Il lui semblait y voir briller de loin une haute poésie. C'est une source à laquelle il désirait depuis longtemps se désaltérer. Là, en effet, tout est grand, riche, fécond, comme dans le moyen âge, cette autre mer de poésie. Et, puisqu'il est amené à le dire ici en passant, pourquoi ne le dirait-il pas? il lui semble que jusqu'ici on a beaucoup trop vu l'époque moderne dans le siècle de Louis XIV et l'antiquité dans Rome et la Grèce ! ne verrait-on pas de plus haut et de plus loin en étudiant l'ère moderne dans le moyen âge et l'antiquité dans l'Orient?

Au reste, pour les empires comme pour les littératures, avant peu, peut-être, l'Orient est appelé à jouer un rôle dans l'Occident. Déjà la mémorable guerre de Grèce avait fait se retourner tous les peuples de ce côté. Voici maintenant que l'équilibre de l'Europe paraît prêt à se rompre ; le *statu quo* européen, déjà vermoulu et lézardé, craque du côté de Constantinople. Tout le continent penche à l'Orient.

Nous verrons de grandes choses. La vieille barbarie asiatique n'est peut-être pas aussi dépourvue d'hommes supérieurs que notre civilisation le veut croire. Il faut se rappeler que c'est elle qui a produit le seul colosse que ce siècle puisse mettre en regard de Buonaparte, si toutefois Buonaparte peut avoir un pendant; cet homme de génie, Turc et Tartare à la vérité, cet Ali-Pacha, qui est à Napoléon ce que le tigre est au lion, le vautour à l'aigle.

Janvier 1829.

QUATORZIÈME ÉDITION

Ce livre a obtenu le seul genre de succès que l'auteur puisse ambitionner en ce moment de crise et de révolution littéraire : vive opposition d'un côté, et peut-être quelque adhésion, quelque sympathie de l'autre.

Sans doute, on pourrait quelquefois se prendre à regretter ces époques plus recueillies ou plus indifférentes, qui ne soulevaient ni combats ni orages autour du paisible travail du poëte, qui l'écoutaient sans l'interrompre et ne mêlaient point de clameurs à son chant. Mais les choses ne vont plus ainsi. Qu'elles soient comme elles sont.

D'ailleurs, tous les inconvénients ont leurs avantages.

Qui veut la liberté de l'art doit vouloir la liberté de la critique; et les luttes sont toujours bonnes. *Malo periculosam libertatem.*

L'auteur, selon son habitude, s'abstiendra de répondre aux critiques dont son livre a été l'objet. Ce n'est pas que plusieurs de ces critiques ne soient dignes d'attention et de réponse; mais c'est qu'il a toujours répugné aux plaidoyers et aux apologies. Et puis, confirmer ou réfuter des critiques, c'est la besogne du temps.

Cependant il regrette que quelques censeurs, de bonne foi d'ailleurs, se soient formé de lui une fausse idée, et se soient mis à le traiter sans plus de façon qu'une hypothèse, le construisant *à priori* comme une abstraction, le refaisant de toutes pièces, de manière que lui, poëte, homme de fantaisie et de caprice, mais aussi de conviction et de probité, est devenu sous leur plume un être de raison, d'étrange sorte, qui a dans une main un système pour faire ses livres, et dans l'autre une tactique pour les défendre. Quelques-uns ont été plus loin encore, et, de ses écrits, passant à sa personne, l'ont taxé de présomption, d'outrecuidance, d'orgueil, et, que sais-je? ont fait de lui une espèce de jeune Louis XIV, entrant dans les plus graves questions, botté, éperonné et une cravache à la main.

Il ose affirmer que ceux qui le voient ainsi le voient mal.

Quant à lui, il n'a nulle illusion sur lui-même. Il sait

fort bien que le peu de bruit qui se fait autour de ses livres, ce ne sont pas ces livres qui le font, mais simplement les hautes questions de langue et de littérature qu'on juge à propos d'agiter à leur sujet. Ce bruit vient du dehors, et non du dedans. Ils en sont l'occasion, et non la cause. Les personnes que préoccupent ces graves questions d'art et de poésie ont semblé choisir un moment ses ouvrages comme une arène, pour y lutter. Mais il n'y a rien là qu'ils doivent à leur mérite propre. Cela ne peut leur donner tout au plus qu'une importance passagère, et encore est-ce beaucoup dire. Le terrain le plus vulgaire gagne un certain lustre à devenir champ de bataille. Austerlitz et Marengo sont de grands noms et de petits villages.

Février 1829.

LE FEU DU CIEL

24. Alors le Seigneur fit descendre du ciel, sur Sodome et sur Gomorrhe, une pluie de soufre et de feu.
25. Et il perdit ces villes avec tous leurs habitants, tout ce pays alentour avec ceux qui l'habitaient, et tout ce qui avait quelque verdeur sur la terre.
GENÈSE.

I

I

La voyez-vous passer, la nuée au flanc noir !
Tantôt pâle, tantôt rouge et splendide à voir,
   Morne comme un été stérile ?
On croit voir à la fois, sur le vent de la nuit,

Fuir toute la fumée ardente et tout le bruit
De l'embrasement d'une ville.

D'où vient-elle? des cieux, de la mer ou des monts?
Est-ce le char de feu qui porte des démons
  A quelque planète prochaine?
O terreur! de son sein, chaos mystérieux,
D'où vient que par moments un éclair furieux
  Comme un long serpent se déchaîne?

II

La mer! partout la mer! des flots, des flots encor.
L'oiseau fatigue en vain son inégal essor.
  Ici les flots, là-bas les ondes;
Toujours des flots sans fin par des flots repoussés;
L'œil ne voit que des flots dans l'abîme entassés
  Rouler sous les vagues profondes.

Parfois de grands poissons, à fleur d'eau voyageant,
Font reluire au soleil leurs nageoires d'argent,
  Ou l'azur de leurs larges queues.
La mer semble un troupeau secouant sa toison;

Mais un cercle d'airain ferme au loin l'horizon;
Le ciel bleu se mêle aux eaux bleues.

—

— Faut-il sécher ces mers? dit le nuage en feu.
— Non! — Il reprit son vol sous le souffle de Dieu.

III

Un golfe aux vertes collines
Se mirant dans le flot clair! —
Des buffles, des javelines,
Et des chants joyeux dans l'air! —
C'étaient la tente et la crèche,
La tribu qui chasse et pêche,
Qui vit libre et dont la flèche
Jouterait avec l'éclair.

Pour ces errantes familles
Jamais l'air ne se corrompt.
Les enfants, les jeunes filles,
Les guerriers, dansaient en rond,
Autour d'un feu sur la grève,

Que le vent courbe et relève,
Pareils aux esprits qu'en rêve
On voit tourner sur son front.

Les vierges au sein d'ébène,
Belles comme les beaux soirs,
Riaient de se voir à peine
Dans le cuivre des miroirs;
D'autres, joyeuses comme elles,
Faisaient jaillir des mamelles
De leurs dociles chamelles
Un lait blanc sous leurs doigts noirs.

Les hommes, les femmes nues,
Se baignaient au gouffre amer. —
Ces peuplades inconnues,
Où passaient-elles hier? —
La voix grêle des cymbales,
Qui fait hennir les cavales,
Se mêlait par intervalles
Aux bruits de la grande mer.

La nuée un moment hésita dans l'espace.
— Est-ce là? — Nul ne sait qui lui répondit : — Passe!

IV

L'Égypte ! — Elle étalait, toute blonde d'épis,
Ses champs bariolés comme un riche tapis,
    Plaines que des plaines prolongent ;
L'eau vaste et froide au nord, au sud le sable ardent.
Se disputent l'Égypte : elle rit cependant
    Entre ces deux mers qui la rongent.

Trois monts bâtis par l'homme au loin perçaient les cieux
D'un triple angle de marbre, et dérobaient aux yeux
    Leurs bases de cendre inondées,
Et de leur faîte aigu jusqu'aux sables dorés
Allaient s'élargissant leurs monstrueux degrés,
    Faits pour des pas de six coudées.

Un sphinx de granit rose, un dieu de marbre vert,
Les gardaient, sans qu'il fût vent de flamme au désert
    Qui leur fît baisser la paupière.
Des vaisseaux au flanc large entraient dans un grand port.
Une ville géante, assise sur le bord,
    Baignait dans l'eau ses pieds de pierre.

On entendait mugir le semoun meurtrier,
Et sur les cailloux blancs les écailles crier
　　　Sous le ventre des crocodiles.
Les obélisques gris s'élançaient d'un seul jet.
Comme une peau de tigre, au couchant s'allongeait
　　　Le Nil jaune, tacheté d'îles.

L'astre roi se couchait. Calme à l'abri du vent,
La mer réfléchissait ce globe d'or vivant,
　　　Ce monde, âme et flambeau du nôtre;
Et dans le ciel rougeâtre et dans les flots vermeils,
Comme deux rois amis, on voyait deux soleils
　　　Venir au-devant l'un de l'autre.

―――

— Où faut-il s'arrêter? dit la nuée encor.
— Cherche! dit une voix dont trembla le Thabor.

V

Du sable, puis du sable!
Le désert! noir chaos
Toujours inépuisable
En monstres, en fléaux!

Ici rien ne s'arrête :
Ces monts à jaune crête,
Quand souffle la tempête,
Roulent comme des flots !

Parfois, des bruits profanes
Troublant ce lieu sacré,
Passent les caravanes
D'Ophir ou de Mambré.
L'œil de loin suit leur foule,
Qui sur l'ardente houle
Ondule et se déroule
Comme un serpent marbré.

Ces solitudes mornes,
Ces déserts sont à Dieu.
Lui seul en sait les bornes,
En marque le milieu.
Toujours plane une brume
Sur cette mer qui fume
Et jette pour écume
Une cendre de feu.

———

— Faut-il changer en lac ce désert? dit la nue.
— Plus loin! dit l'autre voix du fond des cieux venue.

VI

Comme un énorme écueil sur les vagues dressé,
Comme un amas de tours, vaste et bouleversé,
    Voici Babel, déserte et sombre.
Du néant des mortels prodigieux témoin,
Aux rayons de la lune elle couvrait au loin
    Quatre montagnes de son ombre.

L'édifice écroulé plongeait aux lieux profonds.
Les ouragans captifs sous ses larges plafonds
    Jetaient une étrange harmonie.
Le genre humain jadis bourdonnait alentour,
Et sur le globe entier Babel devait un jour
    Asseoir sa spirale infinie.

Ses escaliers devaient monter jusqu'au zénith.
Chacun des plus grands monts à ses flancs de granit
    N'avait pu fournir qu'une dalle.
Et des sommets nouveaux d'autres sommets chargés
Sans cesse surgissaient aux yeux découragés
    Sur sa tête pyramidale.

Les boas monstrueux, les crocodiles verts,
Moindres que des lézards sur ses murs entr'ouverts,

Glissaient parmi les blocs superbes ;
Et colosses perdus dans ses larges contours,
Les palmiers chevelus, pendant au front des tours,
Semblaient d'en bas des touffes d'herbes.

Des éléphants passaient aux fentes de ses murs ;
Une forêt croissait sous ses piliers obscurs
Multipliés par la démence ;
Des essaims d'aigles roux et de vautours géants
Jour et nuit tournoyaient à ses porches béants,
Comme autour d'une ruche immense.

— Faut-il l'achever? dit la nuée en courroux. —
Marche!—Seigneur, dit-elle, où donc m'emportez-vous?

VII

Voilà que deux cités, étranges, inconnues,
Et d'étage en étage escaladant les nues,
Apparaissaient, dormant dans la brume des nuits,
Avec leurs dieux, leur peuple, et leurs chars, et leurs bruits.

Dans le même vallon c'étaient deux sœurs couchées,
L'ombre baignait leurs tours par la lune ébauchées;
Plus l'œil entrevoyait, dans le chaos confus,
Aqueducs, escaliers, piliers aux larges fûts,
Chapiteaux évasés; puis un groupe difforme
D'éléphants de granit portant un dôme énorme;
Des colosses debout, regardant autour d'eux
Ramper des monstres nés d'accouplements hideux;
Des jardins suspendus, pleins de fleurs et d'arcades
Et d'arbres noirs penchés sur de vagues cascades;
Des temples, où siégeaient sur de riches carreaux
Cent idoles de jaspe, à têtes de taureaux;
Des plafonds d'un seul bloc couvrant de vastes salles,
Où, sans jamais lever leurs têtes colossales,
Veillaient, assis en cercle, et se regardant tous,
Des dieux d'airain, posant leurs mains sur leurs genoux.
Ces rampes, ces palais, ces mornes avenues,
Où partout surgissaient des formes inconnues;
Ces ponts, ces aqueducs, ces arcs, ces rondes tours,
Effrayaient l'œil perdu dans leurs profonds détours;
On voyait dans les cieux avec leurs larges ombres,
Monter comme des caps ces édifices sombres,
Immense entassement de ténèbres voilé!
Le ciel à l'horizon scintillait étoilé,
Et, sous les mille arceaux du vaste promontoire,
Brillait comme à travers une dentelle noire.

Ah! villes de l'enfer, folles dans leurs désirs!

Là, chaque heure inventait de monstrueux plaisirs,
Chaque toit recélait quelque mystère immonde,
Et, comme un double ulcère, elles souillaient le monde.

Tout dormait cependant : au front des deux cités,
A peine encor glissaient quelques pâles clartés,
Lampes de la débauche, en naissant disparues,
Derniers feux des festins oubliés dans les rues.
De grands angles de murs, par la lune blanchis,
Coupaient l'ombre, ou tremblaient dans une eau réfléchis.
Peut-être on entendait vaguement dans les plaines
S'étouffer des baisers, se mêler des haleines,
Et les deux villes sœurs, lasses des feux du jour,
Murmurer mollement d'une étreinte d'amour !
Et le vent, soupirant sous le frais sycomore,
Allait tout parfumé de Sodome à Gomorrhe !

C'est alors que passa le nuage noirci,
Et que la voix d'en haut lui cria : — C'est ici !

VIII

La nuée éclate :
La flamme écarlate
Déchire ses flancs,
L'ouvre comme un gouffre,

Tombe en flots de soufre
Aux palais croulants,
Et jette, tremblante,
Sa lueur sanglante
Sur leurs frontons blancs!

Gomorrhe! Sodome!
De quel brûlant dôme
Vos murs sont couverts!
L'ardente nuée
Sur vous s'est ruée,
O peuple pervers!
Et ses larges gueules
Sur vos têtes seules
Soufflent leurs éclairs!

Ce peuple s'éveille,
Qui dormait la veille
Sans penser à Dieu.
Les grands palais croulent,
Mille chars qui roulent
Heurtent leur essieu;
Et la foule accrue
Trouve en chaque rue
Un fleuve de feu.

Sur ces tours altières,
Colosses de pierres

Trop mal affermis,
Abondent dans l'ombre
Des mourants sans nombre
Encore endormis.
Sur des murs qui pendent
Ainsi se répandent
De noires fourmis.

Se peut-il qu'on fuie
Sous l'horrible pluie?
Tout périt, hélas!
Le feu qui foudroie
Bat les ponts qu'il broie,
Crève les toits plats,
Roule, tombe, et brise
Sur la dalle grise
Ses rouges éclats!

Sous chaque étincelle
Grossit et ruisselle
Le feu souverain.
Vermeil et limpide,
Il court plus rapide
Qu'un cheval sans frein;
Et l'idole infâme,
Croulant dans la flamme,
Tord ses bras d'airain!

Il gronde, il ondule,
Du peuple incrédule
Bat les tours d'argent,
Son flot vert et rose,
Que le soufre arrose,
Fait, en les rongeant,
Luire les murailles
Comme les écailles
D'un lézard changeant.

Il fond comme cire
Agate, porphyre,
Pierres du tombeau ;
Ploie, ainsi qu'un arbre,
Le géant de marbre
Qu'ils nommaient Nabo,
Et chaque colonne
Brûle et tourbillonne
Comme un grand flambeau !

En vain quelques mages
Portent les images
Des dieux du haut lieu ;
En vain leur roi penche
Sa tunique blanche
Sur le soufre bleu ;
Le flot qu'il contemple

Emporte leur temple
Dans ses plis de feu !

Plus loin il charrie
Un palais où crie
Un peuple à l'étroit,
L'onde incendiaire
Mord l'îlot de pierre
Qui fume et décroît,
Flotte à sa surface,
Puis fond et s'efface
Comme un glaçon froid !

Le grand prêtre arrive
Sur l'ardente rive
D'où le reste a fui.
Soudain sa tiare
Prend feu comme un phare,
Et, pâle, ébloui,
Sa main qui l'arrache,
A son front s'attache,
Et brûle avec lui.

Le peuple, hommes, femmes,
Court... Partout les flammes
Aveuglent ses yeux ;
Des deux villes mortes

Assiégeant les portes
A flots furieux,
La foule maudite
Croit voir, interdite,
L'enfer dans les cieux

IX

On dit qu'alors, ainsi que pour voir un supplice
Un vieux captif se dresse aux murs de sa prison,
On vit de loin Babel, leur fatale complice,
Regarder par-dessus les monts de l'horizon,
On entendit, durant cet étrange mystère,
Un grand bruit qui remplit le monde épouvanté,
Si profond, qu'il troubla dans leur morne cité
Jusqu'à ces peuples sourds qui vivent sous la terre.

X

Le feu fut sans pitié! Pas un des condamnés
Ne put fuir de ces murs brûlants et calcinés.
Pourtant ils levaient leurs mains viles,
Et ceux qui s'embrassaient dans un dernier adieu;

Terrassés, éblouis, se demandaient quel dieu
Versait un volcan sur leurs villes.

Contre le feu vivant, contre le feu divin,
De larges toits de marbre ils s'abritaient en vain :
　　Dieu sait atteindre qui le brave.
Ils invoquaient leurs dieux ; mais le feu qui punit
Frappait ces dieux muets, dont les yeux de granit
　　Soudain fondaient en pleurs de lave !

Ainsi tout disparut sous le noir tourbillon,
L'homme avec la cité, l'herbe avec le sillon !
　　Dieu brûla ces mornes campagnes ;
Rien ne resta debout de ce peuple détruit,
Et le vent inconnu qui souffla cette nuit
　　Changea la forme des montagnes.

XI

Aujourd'hui le palmier qui croît sur le rocher
Sent sa feuille jaunir et sa tige sécher,
　　A cet air qui brûle et qui pèse.
Ces villes ne sont plus ; et, miroir du passé,
Sur leurs débris éteints s'étend un lac glacé,
　　Qui fume comme une fournaise !

　　　　　　　　　　Octobre 1828.

CANARIS

> Faire sans dire.
> *Vieille devise.*

II

Lorsqu'un vaisseau vaincu dérive en pleine mer,
  Que ses voiles carrées
Pendent le long des mâts, par les boulets de fer
  Largement déchirées;

Qu'on n'y voit que des morts, tombés de toutes parts,
  Ancres, agrès, voilures,
Grands mâts rompus, traînant leurs cordages épars
  Comme des chevelures;

Que le vaisseau, couvert de fumée et de bruit,
  Tourne ainsi qu'une roue;
Qu'un flux et qu'un reflux d'hommes roule et s'enfuit
  De la poupe à la proue;

Lorsqu'à la voix des chefs nul soldat ne répond;
  Que la mer monte et gronde;
Que les canons éteints nagent dans l'entre-pont,
  S'entre-choquant dans l'onde;

Qu'on voit le lourd colosse ouvrir au flot marin
  Sa blessure béante;
Et saigner, à travers son armure d'airain,
  La galère géante;

Qu'elle vogue au hasard, comme un corps palpitant,
  La carène entr'ouverte,
Comme un grand poisson mort, dont le ventre flottant
  Argente l'onde verte;

Alors, gloire au vainqueur! son ancre noir s'abat
    Sur la nef qu'il foudroie :
Tel un aigle puissant pose, après le combat,
    Son ongle sur sa proie!

Puis il pend au grand mât, comme au front d'une tour,
    Son drapeau que l'air ronge,
Et dont le reflet d'or dans l'onde tour à tour
    S'élargit et s'allonge.

Et c'est alors qu'on voit les peuples étaler
    Les couleurs les plus fières,
Et la pourpre, et l'argent, et l'azur onduler
    Aux plis de leurs bannières.

Dans ce riche appareil, leur orgueil insensé
    Se flatte et se repose,
Comme si le flot noir, par le flot effacé,
    En gardait quelque chose!

Malte arborait sa croix; Venise, peuple-roi,
    Sur ses poupes mouvantes,
L'héraldique lion qui fait rugir d'effroi
    Les lionnes vivantes.

Le pavillon de Naple est éclatant dans l'air,
 Et, quand il se déploie,
On croit voir ondoyer de la poupe à la mer
 Un flot d'or et de soie.

Espagne peint aux plis des drapeaux voltigeant
 Sur ses flottes avares
Léon aux lions d'or, Castille aux tours d'argent,
 Les chaînes des Navarres.

Rome a les clefs; Milan, l'enfant qui hurle encor
 Dans les dents de la guivre;
Et les vaisseaux de France ont des fleurs de lis d'or
 Sur leurs robes de cuivre.

Stamboul la Turque autour du croissant abhorré
 Suspend trois blanches queues;
L'Amérique, enfin libre, étale un ciel doré
 Semé d'étoiles bleues.

L'Autriche a l'aigle étrange, aux ailerons dressés,
 Qui, brillant sur la moire,
Vers les deux bouts du monde à la fois menacés
 Tourne une tête noire.

L'autre aigle au double front, qui des czars suit les lois,
    Son antique adversaire,
Comme elle regardant deux mondes à la fois,
    En tient un dans sa serre.

L'Angleterre en triomphe impose aux flots amers
    Sa splendide oriflamme,
Si riche, qu'on prendrait son reflet dans les mers
    Pour l'ombre d'une flamme.

C'est ainsi que les rois font aux mâts des vaisseaux
    Flotter leurs armoiries,
Et condamnent les nefs conquises sur les eaux
    A changer de patries.

Ils traînent dans leurs rangs ces voiles dont le sort
    Trompa les destinées,
Tout fiers de voir rentrer plus nombreuses au port
    Leurs flottes blasonnées.

Aux navires captifs toujours ils apprendront
    Leurs drapeaux de victoire,
Afin que le vaincu porte écrite à son front
    Sa honte avec leur gloire !

Mais le bon Canaris, dont un ardent sillon
    Suit la barque hardie,
Sur les vaisseaux qu'il prend, comme son pavillon,
    Arbore l'incendie !

                              Novembre 1828.

LES TÊTES DU SÉRAIL[1]

> O horrible! o horrible! most horrible!
> SHAKSPEARE, *Hamlet.*

III

I

Le dôme obscur des nuits, semé d'astres sans nombre
Se mirait dans la mer resplendissante et sombre;
La riante Stamboul, le front d'ombres voilé,
Semblait, couchée au bord du golfe qui l'inonde,

---

[1] On a cru devoir réimprimer cette ode telle qu'elle a été composée et publiée en juin 1826, à l'époque du désastre de Missolonghi. Il est important de se rappeler, en la lisant, que tous les journaux d'Europe annoncèrent alors la mort de Canaris, tué dans son brûlot par une bombe turque, devant la ville qu'il venait secourir. Depuis, cette nouvelle fatale a été heureusement démentie.

Entre les feux du ciel et les reflets de l'onde
  Dormir dans un globe étoilé.

On eût dit la cité dont les esprits nocturnes
Bâtissent dans les airs les palais taciturnes,
A voir ses grands harems, séjour des longs ennuis,
Ses dômes bleus, pareils au ciel qui les colore,
Et leurs mille croissants, que semblaient faire éclore
  Les rayons du croissant des nuits.

L'œil distinguait les tours par leurs angles marquées,
Les maisons aux toits plats, les flèches des mosquées,
Les moresques balcons en trèfles découpés,
Les vitraux, se cachant sous des grilles discrètes,
Et les palais dorés, et comme des aigrettes
  Les palmiers sur leur front groupés.

Là, de blancs minarets dont l'aiguille s'élance,
Tels que des mâts d'ivoire armés d'un fer de lance;
Là, des kiosques peints; là, des fanaux changeants;
Et sur le vieux sérail, que ses hauts murs décèlent,
Cent coupoles d'étain, qui dans l'ombre étincellent
  Comme des casques de géants!

II

Le sérail !... Cette nuit il tressaillait de joie.
Au son des gais tambours, sur des tapis de soie,
Les sultanes dansaient sous son lambris sacré ;
Et, tel qu'un roi couvert de ses joyaux de fête,
Superbe, il se montrait aux enfants du prophète,
    De six mille têtes paré !

Livides, l'œil éteint, de noirs cheveux chargées,
Ces têtes couronnaient, sur les créneaux rangées,
Les terrasses de rose et de jasmin en fleur !
Triste comme un ami, comme lui consolante,
La lune, astre des morts, sur leur pâleur sanglante,
    Répandait sa douce pâleur.

Dominant le sérail, de la porte fatale
Trois d'entre elles marquaient l'ogive orientale;
Ces têtes, que battait l'aile du noir corbeau,
Semblaient avoir reçu l'atteinte meurtrière,
L'une dans les combats, l'autre dans la prière,
    La dernière dans le tombeau.

On dit qu'alors, tandis qu'immobiles comme elles
Veillaient stupidement les mornes sentinelles,
Les trois têtes soudain parlèrent, et leurs voix
Ressemblaient à ces chants qu'on entend dans les rêves,
Aux bruits confus du flot qui s'endort sur les grèves,
    Du vent qui s'endort dans les bois!

III

LA PREMIÈRE VOIX

« Où suis-je?... mon brûlot! à la voile! à la rame!
» Frères, Missolonghi fumante nous réclame,
» Les Turcs ont investi ses remparts généreux.
» Renvoyons leurs vaisseaux à leurs villes lointaines,
    » Et que ma torche, ô capitaines!
» Soit un phare pour vous, soit un foudre pour eux!

» Partons! Adieu Corinthe et son haut promontoire,
» Mers dont chaque rocher porte un nom de victoire,
» Écueils de l'Archipel sur tous les flots semés,
» Belles îles, des cieux et du printemps chéries,
» Qui le jour paraissez des corbeilles fleuries,
    » La nuit, des vases parfumés!

» Adieu, fière patrie, Hydra, Sparte nouvelle !
» Ta jeune liberté par des chants se révèle ;
» Des mâts voilent tes murs, ville de matelots!
» Adieu ! j'aime ton île où notre espoir se fonde,
　　» Tes gazons caressés par l'onde,
» Tes rocs battus d'éclairs et rongés par les flots!

» Frères, si je reviens, Missolonghi sauvée,
» Qu'une église nouvelle au Christ soit élevée.
» Si je meurs, si je tombe en la nuit sans réveil,
» Si je verse le sang qui me reste à répandre,
» Dans une terre libre allez porter ma cendre,
　　» Et creusez ma tombe au soleil !

» Missolonghi ! — Les Turcs ! — Chassons, ô camarades !
» Leurs canons de ses forts, leurs flottes de ses rades.
» Brûlons le capitan sous son triple canon.
» Allons ! que des brûlots l'ongle ardent se prépare.
　　» Sur sa nef, si je m'en empare,
» C'est en lettres de feu que j'écrirai mon nom !

» Victoire, amis !... — O ciel ! de mon esquif agile
» Une bombe en tombant brise le pont fragile...
» Il éclate, il tournoie, il s'ouvre aux flots amers !
» Ma bouche crie en vain, par les vagues couverte !

» Adieu ! je vais trouver mon linceul d'algue verte,
   » Mon lit de sable au fond des mers.

» Mais non ! Je me réveille enfin ! Mais quel mystère !
» Quel rêve affreux!... mon bras manque à mon cimeterre.
» Quel est donc près de moi ce sombre épouvantail ?
» Qu'entends-je au loin ?... des chœurs... sont-ce des voix de femmes
   » Des chants murmurés par des âmes?
» Ces concerts ! suis-je au ciel ? — Du sang... c'est le sérail. »

IV

LA DEUXIÈME VOIX

« Oui, Canaris, tu vois le sérail et ma tête
» Arrachée au cercueil pour orner cette fête.
» Les Turcs m'ont poursuivi sous mon tombeau glacé.
» Vois ! ces os desséchés sont leur dépouille opime ;
» Voilà de Botzaris ce qu'au sultan sublime
   » Le ver du sépulcre a laissé !

» Écoute : je dormais dans le fond de ma tombe,
» Quand un cri m'éveilla : *Missolonghi succombe !*

» Je me lève à demi dans la nuit du trépas;
» J'entends des canons sourds les tonnantes volées,
    » Les clameurs aux clameurs mêlées,
» Les chocs fréquents du fer, le bruit pressé des pas...

» J'entends, dans le combat qui remplissait la ville,
» Des voix crier : « Défends d'une horde servile,
» Ombre de Botzaris, tes Grecs infortunés ! »
» Et moi, pour m'échapper, luttant dans les ténèbres,
» J'achevais de briser sur les marbres funèbres
    » Tous mes ossements décharnés.

» Soudain, comme un volcan, le sol s'embrase et gronde;
» Tout se tait; — et mon œil, ouvert pour l'autre monde,
» Voit ce que nul vivant n'eût pu voir de ses yeux.
» De la terre, des flots, du sein profond des flammes,
    » S'échappaient des tourbillons d'âmes
» Qui tombaient dans l'abîme ou s'envolaient aux cieux!

» Les musulmans vainqueurs dans ma tombe fouillèrent:
» Ils mêlèrent ma tête aux vôtres, qu'ils souillèrent.
» Dans le sac du Tartare on les jeta sans choix.
» Mon corps décapité tressaillit d'allégresse;
» Il me semblait, ami, pour la croix et la Grèce
    » Mourir une seconde fois.

» Sur la terre aujourd'hui notre destin s'achève,
» Stamboul, pour contempler cette moisson du glaive,
» Vile esclave, s'émeut du Fanal aux Sept-Tours,
» Et nos têtes, qu'on livre aux publiques risées,
  » Sur l'impur sérail exposées,
» Repaissent le sultan, convive des vautours!

» Voilà tous nos héros! Costas le palicare,
» Christo, du mont Olympe; Hellas, des mers d'Icare;
» Kitzos, qu'aimait Byron, le poëte immortel,
» Et cet enfant des monts, notre ami, notre émule,
» Mayer, qui rapportait aux fils de Thrasybule
  » La flèche de Guillaume Tell!

» Mais ces morts inconnus, qui dans nos rangs stoïques
» Confondent leurs fronts vils à des fronts héroïques,
» Ce sont des fils maudits d'Éblis et de Satan,
» Des Turcs, obscur troupeau, foule au sabre asservie,
  » Esclaves dont on prend la vie,
» Quand il manque une tête au compte du sultan!

» Semblable au Minotaure inventé par nos pères,
» Un homme est seul vivant dans ces hideux repaires,
» Qui montrent nos lambeaux aux peuples à genoux;
» Car les autres témoins de ces fêtes fétides,

» Ses eunuques impurs, ses muets homicides,
  » Ami, sont aussi morts que nous.

» Quels sont ces cris?... — C'est l'heure où ses plaisirs infâmes
» Ont réclamé nos sœurs, nos filles et nos femmes.
» Ces fleurs vont se flétrir à son souffle inhumain.
» Le tigre impérial, rugissant dans sa joie,
  » Tour à tour compte chaque proie,
» Nos vierges cette nuit, et nos têtes demain ! »

V

LA TROISIÈME VOIX

« O mes frères ! Joseph, évêque, vous salue.
» Missolonghi n'est plus ! A sa mort résolue,
» Elle a fui la famine et son venin rongeur.
» Enveloppant les Turcs dans son malheur suprême,
» Formidable victime, elle a mis elle-même
  » La flamme à son bûcher vengeur.

» Voyant depuis vingt jours notre ville affamée,
» J'ai crié : « Venez tous, il est temps, peuple, armée !

» Dans le saint sacrifice il faut nous dire adieu.
» Recevez de mes mains, à la table céleste,
  » Le seul aliment qui nous reste,
» Le pain qui nourrit l'âme et la transforme en dieu ! »

» Quelle communion ! Des mourants immobiles,
» Cherchant l'hostie offerte à leurs lèvres débiles,
» Des soldats défaillants, mais encor redoutés,
» Des femmes, des vieillards, des vierges désolées,
» Et sur le sein flétri des mères mutilées
    » Des enfants de sang allaités !

» La nuit vint, on partit ; mais les Turcs dans les ombres
» Assiégèrent bientôt nos morts et nos décombres.
» Mon église s'ouvrit à leurs pas inquiets.
» Sur un débris d'autel, leur dernière conquête,
    » Un sabre fit rouler ma tête...
» J'ignore quelle main me frappa : je priais...

» Frères, plaignez Mahmoud ! Né dans sa loi barbare,
» Des hommes et de Dieu son pouvoir le sépare.
» Son aveugle regard ne s'ouvre pas au ciel.
» Sa couronne fatale, et toujours chancelante,
» Porte à chaque fleuron une tête sanglante;
    » Et peut-être il n'est pas cruel !

LES TÊTES DU SÉRAIL

» Le malheureux, en proie aux terreurs implacables,
» Perd pour l'éternité ses jours irrévocables.
» Rien ne marque pour lui les matins et les soirs.
» Toujours l'ennui ! Semblable aux idoles qu'ils dorent,
      » Ses esclaves de loin l'adorent,
» Et le fouet d'un spahi règle leurs encensoirs.

» Mais pour vous tout est joie, honneur, fête, victoire ;
» Sur la terre vaincus, vous vaincrez dans l'histoire.
» Frères, Dieu vous bénit sur le sérail fumant.
» Vos gloires par la mort ne sont pas étouffées :
» Vos têtes sans tombeaux deviennent vos trophées ;
      » Vos débris sont un monument !

» Que l'apostat surtout vous envie ! Anathème
» Au chrétien qui souilla l'eau sainte du baptême !
» Sur le livre de vie en vain il fut compté :
» Nul ange ne l'attend dans les cieux où nous sommes !
      » Et son nom, exécré des hommes,
» Sera, comme un poison, des bouches rejeté !

» Et toi, chrétienne Europe, entends nos voix plaintives.
» Jadis, pour nous sauver, saint Louis, vers nos rives
» Eût de ses chevaliers guidé l'arrière-ban.
» Choisis enfin, avant que ton Dieu ne se lève,

» De Jésus et d'Omar, de la croix et du glaive,
  » De l'auréole et du turban. »

VI

Oui, Botzaris, Joseph, Canaris, ombres saintes,
Elle entendra vos voix, par le trépas éteintes;
Elle verra le signe empreint sur votre front;
Et, soupirant ensemble un chant expiatoire,
A vos débris sanglants, portant leur double gloire,
Sur la harpe et le luth les deux Grèces diront :

« Hélas ! vous êtes saints et vous êtes sublimes,
» Confesseurs, demi-dieux, fraternelles victimes !
» Votre bras aux combats s'est longtemps signalé;
» Morts, vous êtes tous trois souillés par des mains viles.
» Voici votre Calvaire après vos Thermopyles;
» Pour tous les dévouements votre sang a coulé !

» Ah ! si l'Europe en deuil, qu'un sang si pur menace,
» Ne suit jusqu'au sérail le chemin qu'il lui trace,
» Le Seigneur la réserve à d'amers repentirs.
» Marin, prêtre, soldat, nos autels vous demandent,
» Car l'Olympe et le ciel à la fois vous attendent,
» Pléiade de héros, trinité de martyrs ! »

Juin 1826.

ENTHOUSIASME

> Allons, jeune homme! allons, marche!..
> ANDRÉ CHÉNIER.

IV

En Grèce! en Grèce! adieu, vous tous! il faut partir!
Qu'enfin, après le sang de ce peuple martyr,
    Le sang vil des bourreaux ruisselle!
En Grèce, ô mes amis! vengeance! liberté!

Ce turban sur mon front ! ce sabre à mon côté !
    Allons ! ce cheval, qu'on le selle !

Quand partons-nous ? ce soir ! demain serait trop long.
Des armes ! des chevaux ! un navire à Toulon !
    Un navire, ou plutôt des ailes !
Menons quelques débris de nos vieux régiments,
Et nous verrons soudain ces tigres ottomans
    Fuir avec des pieds de gazelles !

Commande-nous, Fabvier, comme un prince invoqué !
Toi qui seul fus au poste où les rois ont manqué,
    Chef des hordes disciplinées ;
Parmi les Grecs nouveaux ombre d'un vieux Romain,
Simple et brave soldat, qui dans ta rude main
    D'un peuple as pris les destinées !

De votre long sommeil éveillez-vous là-bas,
Fusils français ! et vous, musique des combats,
    Bombes, canons, grêles cymbales !
Éveillez-vous, chevaux au pied retentissant,
Sabres, auxquels il manque une trempe de sang,
    Longs pistolets gorgés de balles !

Je veux voir des combats, toujours au premier rang,
Voir comment les spahis s'épanchent en torrent

ENTHOUSIASME

Sur l'infanterie inquiète;
Voir comment leur damas, qu'emporte leur coursier,
Coupe une tête au fil de son croissant d'acier !
    Allons !... — Mais quoi ! pauvre poëte,

Où m'emporte moi-même un accès belliqueux !
Les vieillards, les enfants, m'admettent avec eux !
    Que suis-je ? — Esprit qu'un souffle enlève,
Comme une feuille morte échappée aux bouleaux,
Qui sur une onde en pente erre de flots en flots,
    Mes jours s'en vont de rêve en rêve.

Tout me fait songer ! l'air, les prés, les monts, les bois;
J'en ai pour tout un jour des soupirs d'un hautbois,
    D'un bruit de feuilles remuées.
Quand vient le crépuscule, au fond d'un vallon noir,
J'aime un grand lac d'argent, profond et clair miroir
    Où se regardent les nuées.

J'aime une lune ardente et rouge comme l'or
Se levant dans la brume épaisse, ou bien encor
    Blanche au bord d'un nuage sombre;
J'aime ces chariots lourds et noirs, qui, la nuit,
Passant devant le seuil des fermes avec bruit,
    Font aboyer les chiens dans l'ombre.

                                1827.

NAVARIN

> Ἡ ἤ ἤ ἤ ἤ τρισκάλμοισοι
> Ἡ ἤ ἤ ἤ ἤ βάρισιν ὀλόμενοι.
>
> ESCHYLE, *les Perses*.
>
> « Hélas! hélas! nos vaisseaux,
> » Hélas! hélas! sont détruits. »

V

I

Canaris! Canaris! pleure! cent vingt vaisseaux!
Pleure! une flotte entière! — Où donc, démon des eaux,
    Où donc était ta main hardie?
Se peut-il que sans toi l'Ottoman succombât?

Pleure comme Crillon exilé d'un combat :
Tu manquais à cet incendie!

Jusqu'ici, quand parfois la vague de tes mers.
Soudain s'ensanglantait, comme un lac des enfers,
    D'une lueur large et profonde,
Si quelque lourd navire éclatait à nos yeux,
Couronné tout à coup d'une aigrette de feux,
    Comme un volcan s'ouvrant dans l'onde;

Si la lame roulait turbans, sabres courbés,
Voiles, tentes, croissants des mâts rompus tombés,
    Vestiges de flotte et d'armée,
Pelisses de vizirs, sayons de matelots,
Rebuts stigmatisés de la flamme et des flots,
    Blancs d'écume et noirs de fumée;

Si partait de ces mers d'Égine ou d'Iolchos
Un bruit d'explosion, tonnant dans mille échos
    Et roulant au loin dans l'espace,
L'Europe se tournait vers le rouge Orient;
Et, sur la poupe assis, le nocher souriant
    Disait : — C'est Canaris qui passe!

Jusqu'ici, quand brûlaient au sein des flots fumants
Les capitans-pachas avec leurs armements,

Leur flotte dans l'ombre engourdie,
On te reconnaissait à ce terrible jeu ;
Ton brûlot expliquait tous ces vaisseaux en feu,
    Ta torche éclairait l'incendie !

Mais pleure aujourd'hui, pleure, on s'est battu sans toi !
Pourquoi, sans Canaris, sur ces flottes pourquoi
    Porter la guerre et ses tempêtes ?
Du Dieu qui garde Hellé n'est-il plus le bras droit ?
On aurait dû l'attendre ! Et n'est-il pas de droit
    Convive de toutes ces fêtes ?

11

Console-toi : la Grèce est libre.
Entre les bourreaux, les mourants,
L'Europe a remis l'équilibre ;
Console-toi : plus de tyrans !
La France combat : le sort change.
Souffre que sa main qui vous venge
Du moins te dérobe en échange
Une feuille de ton laurier.
Grèce de Byron et d'Homère,
Toi, notre sœur, toi, notre mère,
Chantez ! si votre voix amère
Ne s'est pas éteinte à crier.

Pauvre Grèce, qu'elle était belle
Pour être couchée au tombeau!
Chaque vizir de la rebelle
S'arrachait un sacré lambeau.
Où la Fable mit ses ménades,
Où l'Amour eut ses sérénades,
Grondaient les sombres canonnades
Sapant les temples du vrai Dieu;
Le ciel de cette terre aimée
N'avait, sous sa voûte embaumée,
De nuages que la fumée
De toutes ses villes en feu.

Voilà six ans qu'ils l'ont choisie!
Six ans qu'on voyait accourir
L'Afrique au secours de l'Asie
Contre un peuple instruit à mourir!
Ibrahim, que rien ne modère,
Vole de l'Isthme au Belvédère,
Comme un faucon qui n'a plus d'aire,
Comme un loup qui règne au bercail;
Il court où le butin le tente,
Et, lorsqu'il retourne à sa tente,
Chaque fois sa main dégouttante
Jette des têtes au sérail!

III

Enfin! — C'est Navarin, la ville aux maisons peintes,
La ville aux dômes d'or, la blanche Navarin,
Sur la colline assise entre les térébinthes,
Qui prête son beau golfe aux ardentes étreintes
De deux flottes heurtant leurs carènes d'airain.

Les voilà toutes deux : — la mer en est chargée,
Prête à noyer leurs feux, prête à boire leur sang.
Chacune par son Dieu semble au combat rangée :
L'une s'étend en croix sur les flots allongée ;
L'autre ouvre ses bras lourds et se courbe en croissant.

Ici l'Europe : enfin l'Europe qu'on déchaîne !
Avec ses grands vaisseaux voguant comme des tours.
Là, l'Égypte des Turcs, cette Asie africaine,
Ces vivaces forbans, mal tués par Duquesne,
Qui mit en vain le pied sur ces nids de vautours!

IV

Écoutez! — Le canon gronde.
Il est temps qu'on lui réponde.

Le patient est le fort.
Éclatent donc les bordées!
Sur ces nefs intimidées,
Frégates, jetez la mort!
Et qu'au souffle de vos bouches
Fondent ces vaisseaux farouches,
Broyés aux rochers du port!

La bataille enfin s'allume :
Tout à la fois tonne et fume.
La mort vole où nous frappons.
Là, tout brûle pêle-mêle.
Ici, court le brûlot frêle,
Qui jette aux mâts ses crampons,
Et, comme un chacal dévore
L'éléphant qui lutte encore,
Ronge un navire à trois ponts.

— L'abordage! l'abordage! —
On se suspend au cordage;
On s'élance des haubans.
La poupe heurte la proue.
La mêlée a dans sa roue
Rameurs courbés sur leurs bancs,
Fantassins pleurant la terre,
L'épée et le cimeterre,
Les casques et les turbans!

La vergue aux vergues s'attache,
La torche insulte à la hache,
Tout s'attaque en même temps.
Sur l'abîme la mort nage.
Épouvantable carnage!
Champs de bataille flottants,
Qui, battus de cent volées,
S'écroulent sous les mêlées,
Avec tous leurs combattants!

V

Lutte horrible! Ah! quand l'homme, à l'étroit sur la terre,
Jusque sur l'Océan précipite la guerre,
Le sol tremble sous lui, tandis qu'il se débat.
La mer, la grande mer, joue avec ses batailles.
Vainqueurs, vaincus, à tous elle ouvre ses entrailles :
    Le naufrage éteint le combat.

O spectacle! Tandis que l'Afrique grondante
Bat nos puissants vaisseaux de sa flotte imprudente,
Qu'elle épuise à leurs flancs sa rage et ses efforts,
Chacun d'eux, géant fier, sur ces hordes bruyantes,
Ouvrant à temps égaux ses gueules foudroyantes,
Vomit tranquillement la mort de tous ses bords!

Tout s'embrase : voyez, l'eau de cendre est semée,
Le vent aux mâts en flamme arrache la fumée,
Le feu sur les tillacs s'abat en ponts mouvants.
Déjà brûlent les nefs; déjà, sourde et profonde,
La flamme en leurs flancs noirs ouvre un passage à l'onde;
    Déjà sur les ailes des vents,

L'incendie, attaquant la frégate amirale,
Déroule autour des mâts son ardente spirale,
Prend les marins hurlants dans ses brûlants réseaux,
Couronne de ses jets la poupe inabordable,
Triomphe, et jette au loin un reflet formidable
Qui tremble, élargissant ses cercles sur les eaux!

VI

    Où sont, enfants du Caire,
    Ces flottes qui naguère
    Emportaient à la guerre
    Leurs mille matelots?
    Ces voiles, où sont-elles,
    Qu'armaient les infidèles,
    Et qui prêtaient leurs ailes
    A l'ongle des brûlots?

Où sont tes mille antennes,
Et tes hunes hautaines,
Et tes fiers capitaines,
Armada du sultan?
Ta ruine commence,
Toi qui, dans ta démence,
Battais les mers, immense
Comme Léviathan!

Le capitan qui tremble
Voit éclater ensemble
Ces chébecs que rassemble
Alger ou Tétuan.
Le feu vengeur embrasse
Son vaisseau dont la masse
Soulève, quand il passe,
Le fond de l'Océan.

Sur les mers irritées,
Dérivent, démâtées,
Nefs par les nefs heurtées,
Yachts aux mille couleurs,
Galères capitanes,
Caïques et tartanes
Qui portaient aux sultanes
Des têtes et des fleurs!

Adieu, sloops intrépides,
Adieu, jonques rapides,
Qui sur les eaux limpides
Bercez les icoglans !
Adieu, la goëlette
Dont la vague reflète
Le flamboyant squelette
Noir dans les feux sanglants!

Adieu, la barcarolle
Dont l'humble banderole
Autour des vaisseaux vole,
Et qui, peureuse, fuit
Quand du souffle des brises
Les frégates surprises,
Gonflant leurs voiles grises,
Déferlent à grand bruit!

Adieu, la caravelle
Qu'une voile nouvelle
Aux yeux de loin révèle!
Adieu, le dogre ailé,
Le brick dont les armures
Rendent de sourds murmures,
Comme un amas d'armures
Par le vent ébranlé.

NAVARIN

Adieu, la brigantine
Dont la voile latine
Du flot qui se mutine
Fend les vallons amers !
Adieu, la balancelle
Qui sur l'onde chancelle,
Et, comme une étincelle,
Luit sur l'azur des mers !

Adieu, lougres difformes,
Galéasses énormes,
Vaisseaux de toutes formes,
Vaisseaux de tous climats,
L'yole aux triples flammes,
Les mahonnes, les prames,
La felouque à six rames,
La polacre à deux mâts !

Chaloupes canonnières !
Et lanches marinières
Où flottaient les bannières
Du pacha souverain !
Bombardes que la houle,
Sur son front qui s'écroule,
Soulève, emporte et roule
Avec un bruit d'airain !

Adieu, ces nefs bizarres,
Caraques et gabares,
Qui de leurs cris barbares
Troublaient Chypre et Délos !
Que sont donc devenues
Ces flottes trop connues ?
La mer les jette aux nues,
Le ciel les rend aux flots !

VII

Silence ! Tout est fait : tout retombe à l'abîme.
L'écume des hauts mâts a recouvert la cime.
Des vaisseaux du sultan les flots se sont joués.
Quelques-uns, bricks rompus, prames désemparées,
Comme l'algue des eaux qu'apportent les marées,
Sur la grève noircie expirent échoués.

Ah ! c'est une victoire ! — Oui, l'Afrique défaite,
Le vrai Dieu sous ses pieds foulant le faux prophète,
Les tyrans, les bourreaux, criant grâce à leur tour,
Ceux qui meurent enfin sauvés par ceux qui règnent,
    Hellé lavant ses flancs qui saignent,
    Et six ans vengés dans un jour !

Depuis assez longtemps les peuples disaient : — « Grèce!
» Grèce! Grèce! tu meurs. Pauvre peuple en détresse,
» A l'horizon en feu chaque jour tu décrois.
» En vain, pour te sauver, patrie illustre et chère,
» Nous réveillons le prêtre endormi dans sa chaire,
» En vain nous mendions une armée à nos rois.

» Mais les rois restent sourds, les chaires sont muettes
» Ton nom n'échauffe ici que des cœurs de poëtes.
» A la gloire, à la vie on demande tes droits!
» A la croix grecque, Hellé, ta valeur se confie... —
  » C'est un peuple qu'on crucifie!
  » Qu'importe, hélas! sur quelle croix?

» Tes dieux s'en vont aussi. Parthénon, Propylées,
» Murs de Grèce, ossements des villes mutilées,
» Vous devenez une arme aux mains des mécréants.
» Pour battre ses vaisseaux du haut des Dardanelles,
» Chacun de vos débris, ruines solennelles,
» Donne un boulet de marbre à leurs canons géants! »

Qu'on change cette plainte en joyeuse fanfare!
Une rumeur surgit de l'Isthme jusqu'au Phare.
Regardez ce ciel noir plus beau qu'un ciel serein.
Le vieux colosse turc sur l'Orient retombe,
  La Grèce est libre, et dans la tombe
  Byron applaudit Navarin.

Salut donc, Albion, vieille reine des ondes!
Salut, aigle des czars, qui planes sur deux mondes!
Gloire à nos fleurs de lis dont l'éclat est si beau!
L'Angleterre aujourd'hui reconnaît sa rivale.
Navarin la lui rend. Notre gloire navale
A cet embrasement rallume son flambeau.

Je te retrouve, Autriche! — Oui, la voilà, c'est elle!
Non pas ici, mais là, — dans la flotte infidèle.
Parmi les rangs chrétiens en vain on te chercha.
Nous surprenons, honteuse et la tête penchée,
  Ton aigle au double front cachée
   Sous les crinières d'un pacha!

C'est bien ta place, Autriche! — On te voyait naguère
Briller près d'Ibrahim, ce Tamerlan vulgaire;
Tu dépouillais les morts qu'il foulait en passant;
Tu l'admirais, mêlée aux eunuques serviles,
Promenant au hasard sa torche dans les villes,
Horrible, et n'éteignant le feu qu'avec du sang.

Tu préférais ces feux aux clartés de l'aurore.
Aujourd'hui qu'à leur tour la flamme enfin dévore
Ses noirs vaisseaux, vomis des ports égyptiens,
Rouvre les yeux, regarde: Autriche abâtardie!
  Que dis-tu de cet incendie?
  Est-il aussi beau que les siens?

Novembre 1827.

CRI DE GUERRE DU MUFTI

Hierro, despierta te!
CRI DE GUERRE DES ALMOGAVARES.

« Fer, réveille-toi ! »

VI

En guerre les guerriers ! Mahomet ! Mahomet !
Les chiens mordent les pieds du lion qui dormait ;
    Ils relèvent leur tête infâme ;
Écrasez, ô croyants du prophète divin,

Ces chancelants soldats qui s'enivrent de vin,
  Ces hommes qui n'ont qu'une femme!

Meure la race franque et ses rois détestés!
Spahis, timariots, allez, courez, jetez
  A travers les sombres mêlées
Vos sabres, vos turbans, le bruit de votre cor,
Vos tranchants étriers, larges triangles d'or,
  Vos cavales échevelées!

Qu'Othman, fils d'Ortogrul, vive en chacun de vous!
Que l'un ait son regard et l'autre son courroux.
  Allez, allez, ô capitaines!
Et nous te reprendrons, ville aux dômes d'azur,
Molle Setiniah, qu'en leur langage impur
  Les barbares nomment Athènes!

Octobre 1828.

LA
DOULEUR DU PACHA

>Séparé de tout ce qui m'était cher,
>je me consume solitaire et désolé.
>BYRON.

VII

— Qu'a donc l'ombre d'Allah? disait l'humble derviche;
Son aumône est bien pauvre et son trésor bien riche!
Sombre, immobile, avare, il rit d'un rire amer.
A-t-il donc ébréché le sabre de son père,

Ou bien de ses soldats autour de son repaire
    Vu rugir l'orageuse mer?

— Qu'a-t-il donc, le pacha, le vizir des armées?
Disaient les bombardiers, leurs mèches allumées.
Les imans troublent-ils cette tête de fer?
A-t-il du ramazan rompu le jeûne austère?
Lui font-ils voir en rêve, aux bornes de la terre,
L'ange Azraël debout sur le pont de l'enfer?

— Qu'a-t-il donc? murmuraient les icoglans stupides.
Dit-on qu'il ait perdu dans les courants rapides
Le vaisseau des parfums qui le font rajeunir?
Trouve-t-on à Stamboul sa gloire assez ancienne?
Dans les prédictions de quelque Égyptienne
    A-t-il vu le muet venir?

— Qu'a donc le doux sultan? demandaient les sultanes.
A-t-il avec son fils surpris sous les platanes
Sa brune favorite aux lèvres de corail?
A-t-on souillé son bain d'une essence grossière?
Dans le sac du fellah, vidé sur la poussière,
Manque-t-il quelque tête attendue au sérail?

— Qu'a donc le maître? Ainsi s'agitent les esclaves.
Tous se montrent. — Hélas! si, perdu pour ses braves,

LA DOULEUR DU PACHA

Assis comme un guerrier qui dévore un affront,
Courbé comme un vieillard sous le poids des années,
Depuis trois longues nuits et trois longues journées,
    Il croise ses mains sur son front.

Ce n'est pas qu'il ait vu la révolte infidèle,
Assiégeant son harem comme une citadelle,
Jeter jusqu'à sa couche un sinistre brandon;
Ni d'un père en sa main s'émousser le vieux glaive,
Ni paraître Azraël, ni passer dans un rêve
Les muets bigarrés armés du noir cordon.

Hélas! l'ombre d'Allah n'a pas rompu le jeûne,
La sultane est gardée et son fils est trop jeune;
Nul vaisseau n'a subi d'orages importuns;
Le Tartare avait bien sa charge accoutumée;
Il ne manque au sérail, solitude embaumée,
    Ni les têtes ni les parfums.

Ce ne sont pas non plus les villes écroulées,
Les ossements humains noircissant les vallées,
La Grèce incendiée en proie aux fils d'Omar,
L'orphelin, ni la veuve, et ses plaintes amères,
Ni l'enfance égorgée aux yeux des pauvres mères,
Ni la virginité marchandée au bazar;

Non, non, ce ne sont pas ces figures funèbres
Qui, d'un rayon sanglant luisant dans les ténèbres,
En passant, dans son âme ont laissé le remord.
Qu'a-t-il donc, ce pacha que la guerre réclame,
Et qui, triste et rêveur, pleure comme une femme !... —
　　Son tigre de Nubie est mort.

Décembre 1827.

CHANSON DE PIRATES

> Alerte! alerte! voici les pirates d'Ochali
> qui traversent le détroit.
> *Le Captif d'Ochali.*

VIII

Nous emmenions en esclavage
Cent chrétiens pêcheurs de corail ;
Nous recrutions pour le sérail
Dans tous les moutiers du rivage.

En mer, les hardis écumeurs !
Nous allions de Fez à Catane...
Dans la galère capitane
Nous étions quatre-vingts rameurs.

On signale un couvent à terre :
Nous jetons l'ancre près du bord ;
A nos yeux s'offre tout d'abord
Une fille du monastère.
Près des flots, sourde à leurs rumeurs,
Elle dormait sous un platane...
Dans la galère capitane
Nous étions quatre-vingts rameurs.

— La belle fille, il faut vous taire,
Il faut nous suivre ! il fait bon vent.
Ce n'est que changer de couvent :
Le harem vaut le monastère.
Sa Hautesse aime les primeurs,
Nous vous ferons mahométane...
Dans la galère capitane
Nous étions quatre-vingts rameurs.

Elle veut fuir vers sa chapelle
— Osez-vous bien, fils de Satan ?...

La belle fille, il faut vous taire,
Il faut nous suivre ; il fait bon vent.

LES ORIENTALES.

— Nous osons, dit le capitan.
Elle pleure, supplie, appelle.
Malgré sa plainte et ses clameurs,
On l'emporta dans la tartane...
Dans la galère capitane
Nous étions quatre-vingts rameurs.

Plus belle encor dans sa tristesse,
Ses yeux étaient deux talismans.
Elle valait mille tomans ;
On la vendit à Sa Hautesse.
Elle eut beau dire : Je me meurs !
De nonne elle devint sultane...
Dans la galère capitane
Nous étions quatre-vingts rameurs.

Mars 1828.

LA CAPTIVE

> On entendait le chant des oiseaux
> aussi harmonieux que la poésie.
> SADI, *Gulistan*.

IX

Si je n'étais captive,
J'aimerais ce pays,
Et cette mer plaintive,
Et ces champs de maïs,

Et ces astres sans nombre,
Si le long du mur sombre
N'étincelait dans l'ombre
Le sabre des spahis.

Je ne suis point Tartare,
Pour qu'un eunuque noir
M'accorde ma guitare,
Me tienne mon miroir.
Bien loin de ces Sodomes,
Au pays dont nous sommes,
Avec les jeunes hommes
On peut parler le soir.

Pourtant j'aime une rive
Où jamais des hivers
Le souffle froid n'arrive
Par les vitraux ouverts.
L'été, la pluie est chaude ;
L'insecte vert qui rôde
Luit, vivante émeraude,
Sous les brins d'herbe verts.

Smyrne est une princesse
Avec son beau chapel,
L'heureux printemps sans cesse
Répond à son appel,

LA CAPTIVE

Et, comme un riant groupe
De fleurs dans une coupe,
Dans ses mers se découpe
Plus d'un frais archipel.

J'aime ces tours vermeilles,
Ces drapeaux triomphants,
Ces maisons d'or, pareilles
A des jouets d'enfants;
J'aime, pour mes pensées
Plus mollement bercées,
Ces tentes balancées
Au dos des éléphants.

Dans ce palais de fées,
Mon cœur, plein de concerts,
Croit, aux voix étouffées
Qui viennent des déserts,
Entendre les génies
Mêler les harmonies
Des chansons infinies
Qu'ils chantent dans les airs!

J'aime de ces contrées
Les doux parfums brûlants;
Sur les vitre. dorées
Les feuillages tremblants :

L'eau que la source épanche
Sous le palmier qui penche,
Et la cigogne blanche
Sur les minarets blancs.

J'aime en un lit de mousses
Dire un air espagnol,
Quand mes compagnes douces,
Du pied rasant le sol,
Légion vagabonde
Où le sourire abonde,
Font tournoyer leur ronde
Sous un rond parasol.

Mais surtout, quand la brise
Me touche en voltigeant,
La nuit, j'aime être assise,
Être assise en songeant,
L'œil sur la mer profonde,
Tandis que, pâle et blonde,
La lune ouvre dans l'onde
Son éventail d'argent.

Juillet 1828.

CLAIR DE LUNE

> Per amica silentia lunæ.
> VIRGILE.

X

La lune était sereine et jouait sur les flots.
La fenêtre enfin libre est ouverte à la brise !
La sultane regarde, et la mer qui se brise,
Là-bas, d'un flot d'argent brode les noirs îlots.

De ses doigts en vibrant s'échappe la guitare.
Elle écoute... un bruit sourd frappe les sourds échos.
Est-ce un lourd vaisseau turc qui vient des eaux de Cos,
Battant l'archipel grec de sa rame tartare?

Sont-ce des cormorans qui plongent tour à tour,
Et coupent l'eau, qui roule en perles sur leur aile?
Est-ce un djinn qui là-haut siffle d'une voix grêle
Et jette dans la mer les créneaux de la tour?

Qui trouble ainsi les flots près du sérail des femmes? —
Ni le noir cormoran sur la vague bercé,
Ni les pierres du mur, ni le bruit cadencé
D'un lourd vaisseau rampant sur l'onde avec des rames.

Ce sont des sacs pesants, d'où partent des sanglots.
On verrait, en sondant la mer, qui les promène,
Se mouvoir dans leurs flancs comme une forme humaine...
La lune était sereine et jouait sur les flots.

Septembre 1828.

LE VOILE

Avez-vous prié Dieu ce soir, Desdémona ?
SHAKSPEARE.

XI

LA SŒUR

— Qu'avez-vous, qu'avez-vous, mes frères?
Vous baissez des fronts soucieux;
Comme des lampes funéraires,
Vos regards brillent dans vos yeux;

Vos ceintures sont déchirées;
Déjà trois fois, hors de l'étui,
Sous vos doigts, à demi tirées,
Les lames des poignards ont lui.

LE FRÈRE AÎNÉ

N'avez-vous pas levé votre voile aujourd'hui?

LA SŒUR

Je revenais du bain, mes frères,
Seigneurs, du bain je revenais,
Cachée aux regards téméraires
Des giaours et des Albanais.
En passant près de la mosquée
Dans mon palanquin recouvert,
L'air de midi m'a suffoquée :
Mon voile un instant s'est ouvert.

LE SECOND FRÈRE

Un homme alors passait, un homme en caftan vert?

LA SŒUR

Oui... peut-être... mais son audace
N'a point vu mes traits dévoilés... —
Mais vous vous parlez à voix basse,
A voix basse vous vous parlez.

Vous faut-il du sang? Sur votre âme,
Mes frères, il n'a pu me voir.
Grâce! tuerez-vous une femme
Faible et nue en votre pouvoir?

LE TROISIÈME FRÈRE

Le soleil était rouge à son coucher ce soir!

LA SŒUR

Grâce! Qu'ai-je fait? Grâce! grâce!
Dieu! quatre poignards dans mon flanc!
Ah! par vos genoux que j'embrasse...
O mon voile! ô mon voile blanc!
Ne fuyez pas mes mains qui saignent,
Mes frères, soutenez mes pas!
Car sur mes regards qui s'éteignent
S'étend un voile de trépas.

LE QUATRIÈME FRÈRE

C'en est un que du moins tu ne lèveras pas!

Septembre 1828.

LA SULTANE FAVORITE

                              Perfide comme l'onde.
                                    SHAKSPEARE.

XII

N'ai-je pas pour toi, belle juive,
Assez dépeuplé mon sérail?
Souffre qu'enfin le reste vive :
Faut-il qu'un coup de hache suive
Chaque coup de ton éventail?

Repose-toi, jeune maîtresse ;
Fais grâce au troupeau qui me suit.
Je te fais sultane et princesse :
Laisse en paix tes compagnes, cesse
D'implorer leur mort chaque nuit.

Quand à ce penser tu t'arrêtes,
Tu viens plus tendre à mes genoux ;
Toujours je comprends dans les fêtes
Que tu vas demander des têtes
Quand ton regard devient plus doux.

Ah ! jalouse entre les jalouses !
Si belle avec ce cœur d'acier !
Pardonne à mes autres épouses :
Voit-on que les fleurs des pelouses
Meurent à l'ombre du rosier ?

Ne suis-je pas à toi ? Qu'importe,
Quand sur toi mes bras sont fermés,
Que cent femmes qu'un feu transporte
Consument en vain à ma porte
Leur souffle en soupirs enflammés !

Dans leur solitude profonde,
Laisse-les t'envier toujours ;
Vois-les passer comme fuit l'onde,

Laisse-les vivre : à toi le monde,
A toi mon trône, à toi mes jours !

A toi tout mon peuple qui tremble;
A toi Stamboul, qui, sur ce bord
Dressant mille flèches ensemble,
Se berce dans la mer, et semble
Une flotte à l'ancre qui dort !

A toi, jamais à tes rivales,
Mes spahis aux rouges turbans,
Qui, se suivant sans intervalles,
Volent courbés sur leurs cavales
Comme des rameurs sur leurs bancs !

A toi Bassora, Trébizonde,
Chypre où de vieux noms sont gravés,
Fez où la poudre d'or abonde,
Mosul où trafique le monde,
Erzeroum aux chemins pavés !

A toi Smyrne et ses maisons neuves,
Où vient blanchir le flot amer;
Le Gange redouté des veuves,
Le Danube qui par cinq fleuves
Tombe échevelé dans la mer !

Dis, crains-tu les filles de Grèce?
Les lis pâles de Damanhour?
Ou l'œil ardent de la négresse
Qui, comme une jeune tigresse,
Bondit rugissante d'amour?

Que m'importe, juive adorée,
Un sein d'ébène, un front vermeil?
Tu n'es point blanche ni cuivrée,
Mais il semble qu'on t'a dorée
Avec un rayon de soleil.

N'appelle donc plus la tempête,
Princesse, sur ces humbles fleurs;
Jouis en paix de ta conquête,
Et n'exige pas qu'une tête
Tombe avec chacun de tes pleurs!

Ne songe plus qu'aux frais platanes,
Au bain mêlé d'ambre et de nard,
Au golfe où glissent les tartanes...
Il faut au sultan des sultanes,
Il faut des perles au poignard!

Octobre 1828.

LE DERVICHE

Ὅταν ἦναι πεπρωμένος,
Εἰς τὸν οὐρανὸν γραμμένος,
Τοῦ ἀνθρώπου ὁ χαμός,
Ὅ,τι κάμῃ, ἀποθνήσκει.
Τὸν κρημνὸν ἑαυτοῦ εὑρίσκει,
Καὶ ὁ θάνατος αὐτός
Στὸ κρεββάτι τοῦ τυν φθάνει.
Ὡσὰν βδέλλα τὸν βυζάνει,
Καὶ τὸν θάπτει μοναχός.

PANAGO SOUTZO.

« Quand la perte d'un mortel est écrite dans le livre fatal de la destinée, quoi qu'il fasse, il n'échappera jamais à son funeste avenir ; la mort le poursuit partout ; elle le surprend même dans son lit, suce de ses lèvres avides son sang, et l'emporte sur ses épaules. »

XIII

Un jour Ali passait : les têtes les plus hautes
Se courbaient au niveau des pieds de ses arnautes ;
    Tout le peuple disait : Allah !
Un derviche soudain, cassé par l'âge aride,

Fendit la foule, prit son cheval par la bride,
Et voici comme il lui parla :

« Ali Tépéléni, lumière des lumières,
» Qui siéges au divan sur les marches premières,
» Dont le grand nom toujours grandit,
» Écoute-moi, vizir de ces guerriers sans nombre,
» Ombre du padischah qui de Dieu même est l'ombre,
» Tu n'es qu'un chien et qu'un maudit !

» Un flambeau du sépulcre à ton insu t'éclaire ;
» Comme un vase trop plein tu répands ta colère
» Sur tout un peuple frémissant ;
» Tu brilles sur leurs fronts comme une faux dans l'herbe,
» Et tu fais un ciment à ton palais superbe
» De leurs os broyés dans leur sang !

» Mais ton jour vient. Il faut, dans Janina qui tombe,
» Que sous tes pas enfin croule et s'ouvre ta tombe !
» Dieu te garde un carcan de fer
» Sous l'arbre du segjin chargé d'âmes impies
» Qui sur ses rameaux noirs frissonnent accroupies,
» Dans la nuit du septième enfer !

» Ton âme fuira nue ; au livre de tes crimes
» Un démon te lira les noms de tes victimes ;

» Tu les verras autour de toi,
» Ces spectres, teints du sang qui n'est plus dans leurs veines,
» Se presser plus nombreux que les paroles vaines
   » Que balbutiera ton effroi !

» Ceci t'arrivera sans que ta forteresse
» Ou ta flotte te puisse aider, dans ta détresse,
   » De sa rame ou de son canon ;
» Quand même Ali-Pacha, comme le juif immonde,
» Pour tromper l'ange noir qui l'attend hors du monde,
   » En mourant changerait de nom. »

Ali sous sa pelisse avait un cimeterre,
Un tromblon tout chargé, s'ouvrant comme un cratère,
   Trois longs pistolets, un poignard :
Il écouta le prêtre et lui laissa tout dire,
Pencha son front rêveur, puis avec un sourire
   Donna sa pelisse au vieillard.

Novembre 1828.

LE CHATEAU FORT

Ἔρρωσο.

XIV

A quoi pensent ces flots qui baisent sans murmure
Les flancs de ce rocher luisant comme une armure?
Quoi donc! n'ont-ils pas vu, dans leur propre miroir,
Que ce roc, dont le pied déchire leurs entrailles,

A sur sa tête un fort, ceint de blanches murailles,
Roulé comme un turban autour de son front noir?

Que font-ils? à qui donc gardent-ils leur colère?
Allons, acharne-toi sur ce cap séculaire,
O mer! trêve un moment aux pauvres matelots!
Ronge, ronge ce roc! qu'il chancelle, qu'il penche,
Et tombe enfin, avec sa forteresse blanche,
La tête la première, enfoncé dans les flots!

Dis, combien te faut-il de temps, ô mer fidèle?
Pour jeter bas ce roc avec sa citadelle?.
Un jour? un an? un siècle?... Au nid du criminel
Précipite toujours ton eau jaune de sable;
Que t'importe le temps, ô mer intarissable?
Un siècle est comme un flot dans ton gouffre éternel.

Engloutis cet écueil! que ta vague l'efface,
Et sur son front perdu toujours passe et repasse!
Que l'algue aux verts cheveux dégrade ses contours!
Que, sur son flanc couché, dans ton lit sombre il dorme!
Qu'on n'y distingue plus sa forteresse informe!
Que chaque flot emporte une pierre à ses tours!

Afin que rien n'en reste au monde, et qu'on respire
De ne plus voir la tour d'Ali, pacha d'Épire;

Et qu'un jour, côtoyant les bords qu'Ali souilla,
Si le marin de Cos dans la mer ténébreuse
Voit un grand tourbillon dont le centre se creuse,
Aux passagers muets il dise : C'était là !

Novembre 1828.

MARCHE TURQUE

> *Là — Allah — Ellàllah!*
> CORAN.
> « Il n'y a d'autre dieu que Dieu. »

XV

Ma dague d'un sang noir à mon côté ruisselle,
Et ma hache est pendue à l'arçon de ma selle.

J'aime le vrai soldat, effroi de Bélial :
Son turban évasé rend son front plus sévère;

Il baise avec respect la barbe de son père,
Il voue à son vieux sabre un amour filial,
Et porte un doliman percé, dans les mêlées,
De plus de coups que n'a de taches étoilées
    La peau du tigre impérial.

Ma dague d'un sang noir à mon côté ruisselle,
Et ma hache est pendue à l'arçon de ma selle.

Un bouclier de cuivre à son bras sonne et luit,
Rouge comme la lune au milieu d'une brume;
Son cheval hennissant mâche un frein blanc d'écume,
Un long sillon de poudre en sa course le suit.
Quand il passe au galop sur le pavé sonore,
On fait silence, on dit : C'est un chevalier more!
    Et chacun se retourne au bruit.

Ma dague d'un sang noir à mon côté ruisselle,
Et ma hache est pendue à l'arçon de ma selle.

Quand dix mille giaours viennent au son du cor,
Il leur répond; il vole, et d'un souffle farouche
Fait jaillir la terreur du clairon qu'il embouche,
Tue, et parmi les morts sent croître son essor,
Rafraîchit dans leur sang son caftan écarlate,
Et pousse son coursier qui se lasse, et le flatte
    Pour en égorger plus encor !

Ma dague d'un sang noir à mon côté ruisselle,
Et ma hache est pendue à l'arçon de ma selle.

J'aime, s'il est vainqueur, quand s'est tu le tambour,
Qu'il ait sa belle esclave aux paupières arquées,
Et, laissant les imans qui prêchent aux mosquées
Boire du vin la nuit, qu'il en boive au grand jour !
J'aime, après le combat, que sa voix enjouée
Rie, et, des cris de guerre encor tout enrouée,
    Chante les houris et l'amour !

Ma dague d'un sang noir à mon côté ruisselle,
Et ma hache est pendue à l'arçon de ma selle.

Qu'il soit grave, et rapide à venger un affront ;
Qu'il aime mieux savoir le jeu du cimeterre
Que tout ce qu'à vieillir on apprend sur la terre ;
Qu'il ignore quels jours les soleils s'éteindront,
Quand rouleront les mers sur les sables arides ;
Mais qu'il soit brave et jeune, et préfère à des rides
    Des cicatrices sur son front !

Ma dague d'un sang noir à mon côté ruisselle,
Et ma hache est pendue à l'arçon de ma selle.

Tel est, comparadgis, spahis, timariots,
Le vrai guerrier croyant ! Mais celui qui se vante,
Et qui tremble au moment de semer l'épouvante,
Qui le dernier arrive aux camps impériaux,
Qui, lorsque d'une ville on a forcé la porte,
Ne fait pas, sous le poids du butin qu'il rapporte,
    Plier l'essieu des chariots;

Ma dague d'un sang noir à mon côté ruisselle,
Et ma hache est pendue à l'arçon de ma selle.

Celui qui d'une femme aime les entretiens;
Celui qui ne sait pas dire dans une orgie
Quelle est d'un beau cheval la généalogie;
Qui cherche ailleurs qu'en soi force, amis et soutiens,
Sur de soyeux divans se couche avec mollesse,
Craint le soleil, sait lire, et par scrupule laisse
    Tout le vin de Chypre aux chrétiens;

Ma dague d'un sang noir à mon côté ruisselle,
Et ma hache est pendue à l'arçon de ma selle.

Celui-là, c'est un lâche, et non pas un guerrier.
Ce n'est pas lui qu'on voit dans la bataille ardente
Pousser un fier cheval à la housse pendante,
Le sabre en main, debout sur le large étrier;

Il n'est bon qu'à presser des talons une mule,
En murmurant tout bas quelque vaine formule,
    Comme un prêtre qui va prier!

Ma dague d'un sang noir à mon côté ruisselle,
Et ma hache est pendue à l'arçon de ma selle.

Mai 1828.

LA
BATAILLE PERDUE

> Sur la plus haute colline
> Il monte, et, sa javeline
> Soutenant ses membres lourds,
> Il voit son armée en fuite
> Et de sa tente détruite
> Pendre en lambeaux le velours.
>
> ÉMILE DESCHAMPS, *Rodrigue pendant la bataille.*

XVI

« Allah ! qui me rendra ma formidable armée,
» Émirs, cavalerie au carnage animée;
» Et ma tente, et mon camp éblouissant à voir,
» Qui la nuit allumait tant de feux, qu'à leur nombre

» On eût dit que le ciel sur la colline sombre
» Laissait ses étoiles pleuvoir?

» Qui me rendra mes beys aux flottantes pelisses?
» Mes fiers timariots, turbulentes milices?
» Mes khans bariolés? mes rapides spahis?
» Et mes Bédouins hâlés, venus des Pyramides,
» Qui riaient d'effrayer les laboureurs timides,
» Et poussaient leurs chevaux par les champs de maïs?

» Tous ces chevaux, à l'œil de flamme, aux jambes grêles,
» Qui volaient dans les blés comme des sauterelles,
» Quoi! je ne verrai plus, franchissant les sillons,
» Leurs troupes, par la mort en vain diminuées,
» Sur les carrés pesants s'abattant par nuées,
» Couvrir d'éclairs les bataillons!

» Ils sont morts : dans le sang traînent leurs belles housses ;
» Le sang souille et noircit leur croupe aux taches rousses ;
» L'éperon s'userait sur leur flanc arrondi
» Avant de réveiller leurs pas jadis rapides,
» Et près d'eux sont couchés leurs maîtres intrépides,
» Qui dormaient à leur ombre aux haltes de midi !

» Allah ! qui me rendra ma redoutable armée?
» La voilà par les champs tout entière semée,

LA BATAILLE PERDUE

» Comme l'or d'un prodigue épars sur le pavé.
» Quoi ! chevaux, cavaliers, Arabes et Tartares,
» Leurs turbans, leur galop, leurs drapeaux, leurs fanfares,
  » C'est comme si j'avais rêvé !

» O mes vaillants soldats et leurs coursiers fidèles !
» Leur voix n'a plus de bruit et leurs pieds n'ont plus d'ailes.
» Ils ont oublié tout, et le sabre et le mors.
» De leurs corps entassés cette vallée est pleine ;
» Voilà pour bien longtemps une sinistre plaine :
» Ce soir l'odeur du sang ; demain l'odeur des morts !

» Quoi ! c'était une armée, et ce n'est plus qu'une ombre !
» Ils se sont bien battus, de l'aube à la nuit sombre,
» Dans le cercle fatal ardents à se presser.
» Les noirs linceuls des nuits sur l'horizon se posent ;
» Les braves ont fini : maintenant ils reposent,
  » Et les corbeaux vont commencer.

» Déjà, passant leur bec entre leurs plumes noires,
» Du fond des bois, du haut des chauves promontoires,
» Ils accourent : des morts ils rongent les lambeaux ;
» Et cette armée, hier formidable et suprême,
» Cette puissante armée, hélas ! ne peut plus même
» Effaroucher un aigle et chasser des corbeaux !

» Oh! si j'avais encor cette armée immortelle,
» Je voudrais conquérir des mondes avec elle :
» Je la ferais régner sur les rois ennemis;
» Elle serait ma sœur, ma dame et mon épouse,
» Mais que fera la mort, inféconde et jalouse,
   » De tant de braves endormis?

» Que n'ai-je été frappé! que n'a sur la poussière
» Roulé mon vert turban avec ma tête altière!
» Hier j'étais puissant; hier trois officiers,
» Immobiles et fiers sur leur selle tigrée,
» Portaient, devant le seuil de ma tente dorée,
» Trois panaches ravis aux croupes des coursiers.

» Hier j'avais cent tambours tonnant sur mon passage;
» J'avais quarante agas contemplant mon visage,
» Et d'un sourcil froncé tremblant dans leurs palais;
» Au lieu des lourds pierriers qui dorment sur les proues,
» J'avais de beaux canons roulant sur quatre roues,
   » Avec leurs canonnier nglais.

» Hier j'avais des châteaux, j'avais de belles villes,
» Des Grecques par milliers à vendre aux juifs serviles;
» J'avais de grands harems et de grands arsenaux.
» Aujourd'hui, dépouillé, vaincu, proscrit, funeste,

» Je fuis... De mon empire, hélas! rien ne me reste;
» Allah! je n'ai plus même une tour à créneaux!

» Il faut fuir, moi, pacha, moi, vizir à trois queues!
» Franchir l'horizon vaste et les collines bleues,
» Furtif, baissant les yeux, presque tendant la main,
» Comme un voleur qui fuit troublé dans les ténèbres,
» Et croit voir des gibets dressant leurs bras funèbres
  » Dans tous les arbres du chemin! »

Ainsi parlait Reschid, le soir de sa défaite.
Nous eûmes mille Grecs tués à cette fête;
Mais le vizir fuyait, seul, ce champ meurtrier.
Rêveur, il essuyait son rouge cimeterre;
Deux chevaux près de lui du pied battaient la terre,
Et, vides, sur leurs flancs sonnaient les étriers.

      Mai 1828.

LE RAVIN

> ... Alte fosse
> Che vallan quella terra sconsolata.
> DANTE.

XVII

Un ravin de ces monts coupe la noire crête ;
Comme si, voyageant du Caucase au Cédar,
Quelqu'un de ces Titans que nul rempart n'arrête
    Avait fait passer sur leur tête
    La roue immense de son char.

Hélas! combien de fois, dans nos temps de discorde,
Des flots de sang chrétien et de sang mécréant,
Baignant le cimeterre et la miséricorde,
Ont changé tout à coup en torrent qui déborde
    Cette ornière d'un char géant!

                              Avril 1828.

L'ENFANT

> O horror! horror! horror!
> SHAKSPEARE, *Macbeth*.

XVIII

Les Turcs ont passé là : tout est ruine et deuil;
Chio, l'île des vins, n'est plus qu'un sombre écueil,
    Chio, qu'ombrageaient les charmilles,
Chio, qui dans les flots reflétait ses grands bois,

Ses coteaux, ses palais, et le soir quelquefois
    Un chœur dansant de jeunes filles.

Tout est désert : mais non, seul près des murs noircis,
Un enfant aux yeux bleus, un enfant grec, assis,
    Courbait sa tête humiliée.
Il avait pour asile, il avait pour appui
Une blanche aubépine, une fleur, comme lui
    Dans le grand ravage oubliée.

— Ah! pauvre enfant, pieds nus sur les rocs anguleux!
Hélas! pour essuyer les pleurs de tes yeux bleus
    Comme le ciel et comme l'onde,
Pour que dans leur azur, de larmes orageux,
Passe le vif éclair de la joie et des jeux,
    Pour relever ta tête blonde,

Que veux-tu? Bel enfant, que te faut-il donner
Pour rattacher gaiement et gaiement ramener
    En boucles sur ta blanche épaule
Ces cheveux qui du fer n'ont pas subi l'affront,
Et qui pleurent épars autour de ton beau front,
    Comme les feuilles sur le saule?

Qui pourrait dissiper tes chagrins nébuleux?
Est-ce d'avoir ce lis, bleu comme tes yeux bleus,

Qui d'Iran borde le puits sombre?
Ou le fruit du tuba, de cet arbre si grand,
Qu'un cheval au galop met toujours en courant
    Cent ans à sortir de son ombre ?

Veux-tu, pour me sourire, un bel oiseau des bois,
Qui chante avec un chant plus doux que les hautbois,
    Plus éclatant que les cymbales?
Que veux-tu? fleur, beau fruit, ou l'oiseau merveilleux?
— Ami, dit l'enfant grec, dit l'enfant aux yeux bleus,
    Je veux de la poudre et des balles.

Juin 1828.

SARA LA BAIGNEUSE

> Le soleil et les vents, dans ces bocages sombres,
> Des feuilles sur son front faisaient flotter les ombres.
> ALFRED DE VIGNY.

XIX

Sara, belle d'indolence,
    Se balance
Dans un hamac, au-dessus
Du bassin d'une fontaine

Toute pleine
D'eau puisée à l'Ilissus ;

Et la frêle escarpolette
Se reflète
Dans le transparent miroir,
Avec la baigneuse blanche
Qui se penche,
Qui se penche pour se voir.

Chaque fois que la nacelle
Qui chancelle
Passe à fleur d'eau dans son vol,
On voit sur l'eau qui s'agite
Sortir vite
Son beau pied et son beau col.

Elle bat d'un pied timide
L'onde humide,
Qui ride son clair tableau :
Du beau pied rougit l'albâtre ;
La folâtre
Rit de la fraîcheur de l'eau.

Reste ici caché : demeure !
Dans une heure,

SARA LA BAIGNEUSE.

D'un œil ardent tu verras
Sortir du bain l'ingénue,
    Toute nue,
Croisant ses mains sur ses bras !

Car c'est un astre qui brille
    Qu'une fille
Qui sort d'un bain au flot clair,
Cherche s'il ne vient personne,
    Et frissonne,
Toute mouillée, au grand air !

Elle est là, sous la feuillée,
    Éveillée
Au moindre bruit de malheur,
Et rouge, pour une mouche
    Qui la touche,
Comme une grenade en fleur.

On voit tout ce que dérobe
    Voile ou robe ;
Dans ses yeux d'azur en feu,
Son regard que rien ne voile
    Est l'étoile
Qui brille au fond d'un ciel bleu.

L'eau sur son corps qu'elle essuie
Roule en pluie,
Comme sur un peuplier,
Comme si, gouttes à gouttes,
Tombaient toutes
Les perles de son collier.

Mais Sara la nonchalante
Est bien lente
A finir ses doux ébats ;
Toujours elle se balance
En silence,
Et va murmurant tout bas :

« Oh ! si j'étais capitane,
» Ou sultane,
» Je prendrais des bains ambrés,
» Dans un bain de marbre jaune,
» Près d'un trône,
» Entre deux griffons dorés !

» J'aurais le hamac de soie
» Qui se ploie
» Sous le corps prêt à pâmer ;
» J'aurais la molle ottomane
» Dont émane
» Un parfum qui fait aimer.

» Je pourrais folâtrer nue,
    » Sous la nue,
» Dans le ruisseau du jardin,
» Sans crainte de voir dans l'ombre
    » Du bois sombre
» Des yeux s'allumer soudain.

» Il faudrait risquer sa tête
    » Inquiète,
» Et tout braver pour me voir :
» Le sabre nu de l'heiduque,
    » Et l'eunuque
» Aux dents blanches, au front noir.

» Puis je pourrais, sans qu'on presse
    » Ma paresse,
» Laisser avec mes habits
» Traîner sur les larges dalles
    » Mes sandales
» De drap brodé de rubis. »

Ainsi se parle en princesse
    Et sans cesse
Se balance avec amour
La jeune fille rieuse,
    Oublieuse
Des promptes ailes du jour.

L'eau, du pied de la baigneuse
    Peu soigneuse,
Rejaillit sur le gazon,
Sur sa chemise plissée,
    Balancée
Aux branches d'un vert buisson.

Et cependant des campagnes
    Ses compagnes
Prennent toutes le chemin.
Voici leur troupe frivole
    Qui s'envole
En se tenant par la main.

Chacune, en chantant comme elle,
    Passe et mêle
Ce reproche à sa chanson :
— Oh! la paresseuse fille
    Qui s'habille
Si tard un jour de moisson!

Juillet 1828.

ATTENTE

—

Esperaba, desperada.

XX

—

Monte, écureuil, monte au grand chêne,
Sur la branche des cieux prochaine,
Qui plie et tremble comme un jonc !
Cigogne, aux vieilles tours fidèle,

Oh! vole et monte à tire-d'aile
De l'église à la citadelle,
Du haut clocher au grand donjon!

Vieux aigle, monte de ton aire
A la montagne centenaire
Que blanchit l'hiver éternel;
Et toi qu'en ta couche inquiète
Jamais l'aube ne vit muette,
Monte, monte, vive alouette,
Vive alouette, monte au ciel!

Et maintenant, du haut de l'arbre,
Des flèches de la tour de marbre,
Du grand mont, du ciel enflammé,
A l'horizon, parmi la brume,
Voyez-vous flotter une plume,
Et courir un cheval qui fume,
Et revenir mon bien-aimé?

Juin 1828.

LAZZARA

―

> Et cette femme était fort belle
> Rois, xi, 2.

XXI

―

Comme elle court ! voyez : — par les poudreux sentiers,
Par les gazons tout pleins de touffes d'églantiers,
    Par les blés où le pavot brille,
Par les chemins perdus, par les chemins frayés,

Par les monts, par les bois, par les plaines, voyez
    Comme elle court, la jeune fille !

Elle est grande, elle est svelte, et, quand d'un pas joyeux,
Sa corbeille de fleurs sur la tête, à nos yeux
    Elle apparaît vive et folâtre,
A voir sur son beau front s'arrondir ses bras blancs,
On croirait voir de loin, dans nos temples croulants,
    Une amphore aux anses d'albâtre.

Elle est jeune et rieuse, et chante sa chanson,
Et, pieds nus, près du lac, de buisson en buisson,
    Poursuit les vertes demoiselles ;
Elle lève sa robe et passe les ruisseaux ;
Elle va, court, s'arrête, et vole ; et les oiseaux
    Pour ses pieds donneraient leurs ailes.

Quand, le soir, pour la danse on va se réunir,
A l'heure où l'on entend lentement revenir
    Les grelots du troupeau qui bêle,
Sans chercher quels atours à ses traits conviendront,
Elle arrive, et la fleur qu'elle attache à son front
    Nous semble toujours la plus belle.

Certes, le vieux Omer, pacha de Négrepont,
Pour elle eût tout donné, vaisseau à triple pont,

Foudroyantes artilleries,
Harnais de ses chevaux, toisons de ses brebis,
Et son riche turban de soie, et ses habits
Tout ruisselants de pierreries ;

Et ses lourds pistolets, ses tromblons évasés,
Et leurs pommeaux d'argent par sa main rude usés,
Et ses sonores espingoles,
Et son courbe damas, et, don plus riche encor,
La grande peau de tigre où pend son carquois d'or,
Hérissé de flèches mogoles.

Il eût donné sa housse et son large étrier ;
Donné tous ses trésors avec le trésorier ;
Donné ses trois cents concubines ;
Donné ses chiens de chasse aux colliers de vermeil ;
Donné ses Albanais, brûlés par le soleil,
Avec leurs longues carabines.

Il eût donné les Francs, les juifs et leur rabbin ;
Son kiosque rouge et vert, et ses salles de bain
Aux grands pavés de mosaïque ;
Sa haute citadelle aux créneaux anguleux ;
Et sa maison d'été, qui se mire aux flots bleus
D'un golfe de Cyrénaïque.

Tout! jusqu'au cheval blanc qu'il élève au sérail,
Dont la sueur à flots argente le poitrail;
    Jusqu'au frein que l'or damasquine;
Jusqu'à cette Espagnole, envoi du dey d'Alger,
Qui soulève, en dansant son fandango léger,
    Les plis brodés de sa basquine!

Ce n'est point un pacha, c'est un clephte à l'œil noir
Qui l'a prise, et qui n'a rien donné pour l'avoir,
    Car la pauvreté l'accompagne :
Un clephte a pour tous biens l'air du ciel, l'eau des puits,
Un bon fusil bronzé par la fumée, et puis
    La liberté sur la montagne.

                                            Mai 1828.

VOEU

> Ainsi qu'on choisit une rose
> Dans les guirlandes de Sârons.
> Choisissez une vierge éclose
> Parmi les lis de vos vallons.
> LAMARTINE.

XXII

Si j'étais la feuille que roule
L'aile tournoyante du vent,
Qui flôtte sur l'eau qui s'écoule,
Et qu'on suit de l'œil en rêvant;

Je me livrerais, fraîche encore
De la branche me détachant,
Au zéphyr qui souffle à l'aurore,
Au ruisseau qui vient du couchant.

Plus loin que le fleuve qui gronde,
Plus loin que les vastes forêts,
Plus loin que la gorge profonde,
Je fuirais, je courrais, j'irais !

Plus loin que l'antre de la louve,
Plus loin que le bois des ramiers,
Plus loin que la plaine où l'on trouve
Une fontaine et trois palmiers ;

Par delà ces rocs qui répandent
L'orage en torrent dans les blés ;
Par delà ce lac morne où pendent
Tant de buissons échevelés ;

Plus loin que les terres arides
Du chef maure au large ataghan,
Dont le front pâle a plus de rides
Que la mer un jour d'ouragan.

VŒU

Je franchirais comme la flèche
L'étang d'Arta, mouvant miroir,
Et le mont dont la cime empêche
Corinthe et Mykos de se voir.

Comme par un charme attirée,
Je m'arrêterais au matin
Sur Mykos, la ville carrée,
La ville aux coupoles d'étain.

J'irais chez la fille du prêtre,
Chez la blanche fille à l'œil noir,
Qui le jour chante à sa fenêtre,
Et joue à sa porte le soir.

Enfin, pauvre feuille envolée,
Je viendrais, au gré de mes vœux,
Me poser sur son front, mêlée
Aux boucles de ses blonds cheveux;

Comme une perruche au pied leste
Dans le blé jaune, ou bien encor
Comme dans un jardin céleste
Un fruit vert sur un arbre d'or;

Et là, sur sa tête qui penche,
Je serais, fût-ce peu d'instants,
Plus fière que l'aigrette blanche
Au front étoilé des sultans.

Septembre 1828.

LA VILLE PRISE

Feu, feu ! sang, sang et ruine !
CORTE REAL, le *Siége de Diu*.

XXIII

La flamme par ton ordre, ô roi ! luit et dévore,
De ton peuple en grondant elle étouffe les cris ;
Et, rougissant les toits comme une sombre aurore,
Semble en son vol joyeux danser sur leurs débris.

Le meurtre aux mille bras comme un géant se lève;
Les palais embrasés se changent en tombeaux;
Pères, femmes, époux, tout tombe sous le glaive;
Autour de la cité s'appellent les corbeaux.

Les mères ont frémi; les vierges palpitantes,
O calife! ont pleuré leurs jeunes ans flétris;
Et les coursiers fougueux ont traîné hors des tentes
Leurs corps vivants, de coups et de baisers meurtris!

Vois d'un vaste linceul la ville enveloppée;
Vois! quand ton bras puissant passe, il fait tout plier.
Les prêtres qui priaient ont péri par l'épée,
Jetant leur livre saint comme un vain bouclier!

Les tout petits enfants, écrasés sous les dalles,
Ont vécu : de leur sang le fer s'abreuve encor... —
Ton peuple baise, ô roi! la poudre des sandales.
Qu'à ton pied glorieux attache un cercle d'or!

Avril 1825.

ADIEUX DE L'HOTESSE ARABE

> 10. Habitez avec nous : la terre est en votre puissance;
> cultivez-la, trafiquez-y; et la possédez.
>
> GENÈSE, XXIV.

XXIV

Puisque rien ne t'arrête en cet heureux pays,
Ni l'ombre du palmier, ni le jaune maïs,
　　Ni le repos, ni l'abondance;
Ni de voir à ta voix battre le jeune sein

De nos sœurs, dont, les soirs, le tournoyant essaim
    Couronne un coteau de sa danse;

Adieu, voyageur blanc! j'ai sellé de ma main,
De peur qu'il ne te jette aux pierres du chemin,
    Ton cheval à l'œil intrépide;
Ses pieds foulent le sol, sa croupe est belle à voir,
Ferme, ronde et luisante, ainsi qu'un rocher noir
    Que polit une onde rapide.

Tu marches donc sans cesse! Oh! que n'es-tu de ceux
Qui donnent pour limite à leurs pieds paresseux
    Leur toit de branches ou de toiles!
Qui, rêveurs, sans en faire, écoutent les récits,
Et souhaitent, le soir, devant leur porte assis,
    De s'en aller dans les étoiles!

Si tu l'avais voulu, peut-être une de nous,
O jeune homme! eût aimé te servir à genoux
    Dans nos huttes toujours ouvertes;
Elle eût fait, en berçant ton sommeil de ses chants,
Pour chasser de ton front les moucherons méchants,
    Un éventail de feuilles vertes.

Mais tu pars! — Nuit et jour tu vas seul et jaloux.
Le fer de ton cheval arrache aux durs cailloux
    Une poussière d'étincelles;

ADIEU DE L'HOTESSE ARABE

A ta lance qui passe et dans l'ombre reluit,
Les aveugles démons qui volent dans la nuit
    Souvent ont déchiré leurs ailes.

Si tu reviens, gravis, pour trouver ce hameau,
Ce mont noir qui de loin semble un dos de chameau;
    Pour trouver ma hutte fidèle,
Songe à son toit aigu comme une ruche à miel,
Qu'elle n'a qu'une porte et qu'elle s'ouvre au ciel
    Du côté d'où vient l'hirondelle.

Si tu ne reviens pas, songe un peu quelquefois
Aux filles du désert, sœurs à la douce voix,
    Qui dansent pieds nus sur la dune;
O beau jeune homme blanc, bel oiseau passager,
Souviens-toi; car peut-être, ô rapide étranger!
    Ton souvenir reste à plus d'une.

Adieu donc! — Va tout droit. Garde-toi du soleil,
Qui dore nos fronts bruns, mais brûle un teint vermeil;
    De l'Arabie infranchissable,
De la vieille qui va seule et d'un pas tremblant,
Et de ceux qui, le soir, avec un bâton blanc,
    Tracent des cercles sur le sable!

                                Novembre 1828.

MALÉDICTION

—

> *Ed altro disse; ma non l'ho a mente.*
> DANTE.
>
> « Et d'autres choses encore ; mais je
> ne les ai plus dans l'esprit. »

XXV

—

Qu'il erre sans repos, courbé dès sa jeunesse,
En des sables sans borne où le soleil renaisse
    Sitôt qu'il aura lui !
Comme un noir meurtrier qui fuit dans la nuit sombre,

S'il marche, que sans cesse il entende dans l'ombre
    Un pas derrière lui!

En des glaciers polis comme un tranchant de hache
Qu'il glisse et roule, et tombe, et tombe, et se rattache
    De l'ongle à leurs parois!
Qu'il soit pris pour un autre, et, râlant sur la roue,
Dise: Je n'ai rien fait! et qu'alors on le cloue
    Sur un gibet en croix!

Qu'il pende échevelé, la bouche violette!
Que, visible à lui seul, la mort, chauve squelette,
    Rie en le regardant!
Que son cadavre souffre et vive assez encore
Pour sentir, quand la mort le ronge et le dévore,
    Chaque coup de sa dent!

Qu'il ne soit plus vivant et ne soit pas une âme!
Que sur ses membres nus tombe un soleil de flamme
    Où la pluie à ruisseaux!
Qu'il éveille en sursaut chaque nuit dans la brume,
Là, lutte et se secoue, et vainement écume
    Sous des griffes d'oiseaux!

                        Août 1828.

# LES
TRONÇONS DU SERPENT

> D'ailleurs, les sages ont dit : Il ne faut point
> attacher son cœur aux choses passagères.
> SADI, *Gulistan*

XXVI

Je veille, et nuit et jour mon front rêve enflammé,
    Ma joue en pleurs ruisselle,
Depuis qu'Albaydé dans la tombe a fermé
    Ses beaux yeux de gazelle.

Car elle avait quinze ans, un sourire ingénu,
    Et m'aimait sans mélange,
Et, quand elle croisait ses bras sur son sein nu,
    On croyait voir un ange!

Un jour, pensif, j'errais au bord d'un golfe ouvert.
    Entre deux promontoires,
Et je vis sur le sable un serpent jaune et vert,
    Jaspé de taches noires.

La hache en vingt tronçons avait coupé vivant
    Son corps que l'onde arrose,
Et l'écume des mers que lui jetait le vent
    Sur son sang flottait rose.

Tous ses anneaux vermeils rampaient en se tordant
    Sur la grève isolée,
Et le sang empourprait d'un rouge plus ardent
    Sa crête dentelée.

Ces tronçons déchirés, épars, près d'épuiser
    Leurs forces languissantes,
Se cherchaient, se cherchaient, comme pour un baiser
    Deux bouches frémissantes.

Et, comme je rêvais, triste et suppliant Dieu
     Dans ma pitié muette,
La tête aux mille dents rouvrit son œil de feu,
     Et me dit : « O poëte !

» Ne plains que toi ! ton mal est plus envenimé,
     » Ta plaie est plus cruelle !
» Car ton Albaydé dans la tombe a fermé
     » Ses beaux yeux de gazelle.

» Ce coup de hache aussi brise ton jeune essor ;
     » Ta vie et tes pensées
» Autour d'un souvenir, chaste et dernier trésor,
     » Se traînent dispersées.

» Ton génie, au vol large, éclatant, gracieux,
     » Qui, mieux que l'hirondelle,
» Tantôt rasait la terre, et tantôt dans les cieux
     » Donnait de grands coups d'aile,

» Comme moi maintenant, meurt près des flots troublés,
     » Et ses forces s'éteignent,
» Sans pouvoir réunir ses tronçons mutilés
     » Qui rampent et qui saignent. »

Novembre 1828.

NOURMAHAL LA ROUSSE

No es bestia que non fus hy trobada.
JOAN LORENZO SEGURA DE ASTORGA.

« Pas de bête fauve qui ne s'y trouvât! »

XXVII

Entre deux rocs d'un noir d'ébène
Voyez-vous ce sombre hallier
Qui se hérisse dans la plaine,
Ainsi qu'une touffe de laine
Entre les cornes du bélier?

Là, dans une ombre non frayée,
Grondent le tigre ensanglanté,
La lionne, mère effrayée,
Le chacal, l'hyène rayée,
Et le léopard tacheté.

Là, des monstres de toute forme
Rampent : — le basilic rêvant,
L'hippopotame au ventre énorme,
Et le boa, vaste et difforme,
Qui semble un tronc d'arbre vivant.

L'orfraie aux paupières vermeilles,
Le serpent, le singe méchant,
Sifflent comme un essaim d'abeilles;
L'éléphant aux larges oreilles
Casse les bambous en marchant.

Là vit la sauvage famille
Qui glapit, bourdonne et mugit.
Le bois entier hurle et fourmille;
Sous chaque buisson un œil brille,
Dans chaque antre une voix rugit

Eh bien, seul et nu sur la mousse,
Dans ce bois-là je serai mieux
Que devant Nourmahal la Rousse,
Qui parle avec une voix douce
Et regarde avec de doux yeux!

Novembre 1828.

LES DJINNS

E come i gru van cantando lor lai,
Facendo in aer di se lunga riga;
Cosi vid' io venir traendo guai
Ombre portate d' alla detta briga.
DANTE.

« Et comme les grues qui font dans l'air de longues files vont chantant leur plainte, ainsi je vis venir traînant des gémissements les ombres emportées par cette tempête. »

XXVIII

Murs, ville
Et port,
Asile
De mort,

Mer grise
Où brise
La brise,
Tout dort.

Dans la plaine
Naît un bruit;
C'est l'haleine
De la nuit.
Elle brame
Comme une âme
Qu'une flamme
Toujours suit.

La voix plus haute
Semble un grelot. —
D'un nain qui saute
C'est le galop :
Il fuit, s'élance,
Puis en cadence
Sur un pied danse
Au bout d'un flot

La rumeur approche;
L'écho la redit.

LES DJINNS

C'est comme la cloche
D'un couvent maudit; —
Comme un bruit de foule,
Qui tonne et qui roule
Et tantôt s'écroule
Et tantôt grandit.

Dieu! la voix sépulcrale
Des djinns! — Quel bruit ils font!
Fuyons sous la spirale
De l'escalier profond!
Déjà s'éteint ma lampe,
Et l'ombre de la rampe,
Qui le long du mur rampe,
Monte jusqu'au plafond.

C'est l'essaim des djinns qui passe,
Et tourbillonne en sifflant.
Les ifs, que leur vol fracasse,
Craquent comme un pin brûlant.
Leur troupeau lourd et rapide,
Volant dans l'espace vide,
Semble un nuage livide
Qui porte un éclair au flanc.

Ils sont tout près! — Tenons fermée
Cette salle où nous les narguons.

Quel bruit dehors! hideuse armée
De vampires et de dragons!
La poutre du toit descellée
Ploie ainsi qu'une herbe mouillée,
Et la vieille porte rouillée
Tremble à déraciner ses gonds!

Cris de l'enfer! voix qui hurle et qui pleure!
L'horrible essaim, poussé par l'aquilon,
Sans doute, ô ciel! s'abat sur ma demeure :
Le mur fléchit sous le noir bataillon.
La maison crie et chancelle, penchée,
Et l'on dirait que, du sol arrachée,
Ainsi qu'il chasse une feuille séchée,
Le vent la roule avec leur tourbillon!

Prophète, si ta main me sauve
De ces impurs démons des soirs,
J'irai prosterner mon front chauve
Devant tes sacrés encensoirs!
Fais que sur ces portes fidèles
Meure leur souffle d'étincelles,
Et qu'en vain l'ongle de leurs ailes
Grince et crie à ces vitraux noirs!

Ils sont passés! — Leur cohorte
S'envole et fuit, et leurs pieds

Cessent de battre ma porte
De leurs coups multipliés.
L'air est plein d'un bruit de chaînes,
Et dans les forêts prochaines
Frissonnent tous les grands chênes,
Sous leur vol de feu pliés !

De leurs ailes lointaines
Le battement décroît,
Si confus dans les plaines,
Si faible, que l'on croit
Ouïr la sauterelle
Crier d'une voix grêle
Ou pétiller la grêle
Sur le plomb d'un vieux toit.

D'étranges syllabes
Nous viennent encor. —
Ainsi, des Arabes
Quand sonne le cor,
Un chant sur la grève
Par instants s'élève,
Et l'enfant qui rêve
Fait des rêves d'or !

Les djinns funèbres,
Fils du trépas,

Dans les ténèbres
Pressent leurs pas;
Leur essaim gronde :
Ainsi, profonde,
Murmure une onde
Qu'on ne voit pas.

Ce bruit vague
Qui s'endort,
C'est la vague
Sur le bord;
C'est la plainte
Presque éteinte
D'une sainte
Pour un mort.

On doute
La nuit...
J'écoute : —
Tout fuit,
Tout passe;
L'espace
Efface
Le bruit.

Août 1828.

SULTAN ACHMET

> Oh ! permets, charmante fille, que j'enve-
> loppe mon cou avec tes bras.
>
> HAFIZ.

XXIX

A Juana la Grenadine,
Qui toujours chante et badine,
Sultan Achmet dit un jour :
— Je donnerais sans retour

Mon royaume pour Médine,
Médine pour ton amour.

— Fais-toi chrétien, roi sublime!
Car il est illégitime,
Le plaisir qu'on a cherché
Au bras d'un Turc débauché.
J'aurais peur de faire un crime;
C'est bien assez du péché.

— Par ces perles dont la chaîne
Rehausse, ô ma souveraine!
Ton cou blanc comme le lait,
Je ferai ce qu'il te plaît,
Si tu veux bien que je prenne
Ton collier pour chapelet.

Octobre 1828.

ROMANCE MAURESQUE

> Dixo le : — Dime, buen ombre,
> Lo que preguntarte queria
> *Romancero general.*

XXX

Don Rodrigue est à la chasse.
Sans épée et sans cuirasse,
Un jour d'été, vers midi,
Sous la feuillée et sur l'herbe

Il s'assied, l'homme superbe,
Don Rodrigue le hardi.

La haine en feu le dévore.
Sombre, il pense au bâtard maure,
A son neveu Mudarra,
Dont ses complots sanguinaires
Jadis ont tué les frères,
Les sept enfants de Lara.

Pour le trouver en campagne,
Il traverserait l'Espagne,
De Figuère à Setuval :
L'un des deux mourrait sans doute.
En ce moment sur la route
Il passe un homme à cheval.

— Chevalier, chrétien ou maure,
Qui dors sous le sycomore,
Dieu te guide par la main !
— Que Dieu répande ses grâces
Sur toi, l'écuyer qui passes,
Qui passes par le chemin !

— Chevalier, chrétien ou maure,
Qui dors sous le sycomore,

Parmi l'herbe du vallon,
Dis ton nom, afin qu'on sache
Si tu portes le panache
D'un vaillant ou d'un félon.

— Si c'est là ce qui t'intrigue,
On m'appelle don Rodrigue,
Don Rodrigue de Lara ;
Doña Sanche est ma sœur même,
Du moins c'est à mon baptême
Ce qu'un prêtre déclara.

J'attends sous ce sycomore :
J'ai cherché d'Albe à Zamore
Ce Mudarra le bâtard,
Le fils de la renégate,
Qui commande une frégate
Du roi maure Aliatar.

Certe, à moins qu'il ne m'évite,
Je le reconnaîtrais vite :
Toujours il porte avec lui
Notre dague de famille ;
Une agate au pommeau brille,
Et la lame est sans étui.

Oui, par mon âme chrétienne,
D'une autre main que la mienne
Ce mécréant ne mourra !
C'est le bonheur que je brigue...
— On t'appelle don Rodrigue,
Don Rodrigue de Lara ?

Eh bien, seigneur, le jeune homme
Qui te parle et qui te nomme,
C'est Mudarra le bâtard ;
C'est le vengeur et le juge.
Cherche à présent un refuge ! —
L'autre dit : — Tu viens bien tard !

— Moi, fils de la renégate,
Qui commande une frégate
 Du roi maure Aliatar,
Moi, ma dague et ma vengeance,
Tous les trois d'intelligence,
Nous voici ! — Tu viens bien tard !

— Trop tôt pour toi, don Rodrigue,
A moins qu'il ne te fatigue
De vivre... Ah ! la peur t'émeut,
Ton front pâlit ; rends, infâme,
A moi ta vie, et ton âme
A ton ange, s'il en veut !

Si mon poignard de Tolède
Et mon Dieu me sont en aide,
Regarde mes yeux ardents;
Je suis ton seigneur, ton maître,
Et je t'arracherai, traître,
Le souffle d'entre les dents!

Le neveu de dóña Sanche
Dans ton sang enfin étanche
La soif qui le dévora.
Mon oncle, il faut que tu meures.
Pour toi plus de jours ni d'heures!...
— Mon bon neveu Mudarra,

Un moment! attends que j'aille
Chercher mon fer de bataille.
— Tu n'auras d'autres délais
Que celui qu'ont eu mes frères!
Dans les caveaux funéraires
Où tu les as mis, suis-les!

Si jusqu'à l'heure venue
J'ai gardé ma lame nue,
C'est que je voulais, bourreau,
Que, vengeant la renégate,
Ma dague au pommeau d'agate
Eût ta gorge pour fourreau!

Mai 1828.

GRENADE

Quien no ha visto á Sevilla
No ha visto á maravilla.

XXXI

Soit lointaine, soit voisine,
Espagnole ou sarrasine,
Il n'est pas une cité
Qui dispute, sans folie,

A Grenade la jolie
La pomme de la beauté,
Et qui, gracieuse, étale
Plus de pompe orientale
Sous un ciel plus enchanté.

Cadix a les palmiers; Murcie a les oranges;
Jaën, son palais goth aux tourelles étranges;
Agreda, son couvent bâti par saint Edmond;
Ségovie a l'autel dont on baise les marches,
    Et l'aqueduc aux trois rangs d'arches
Qui lui porte un torrent pris au sommet d'un mont.

Llers a des tours; Barcelone
Au faîte d'une colonne
Lève un phare sur la mer;
Aux rois d'Aragon fidèle,
Dans leurs vieux tombeaux, Tudèle
Garde leur sceptre de fer;
Tolose a des forges sombres,
  Qui semblent, au sein des ombres,
Des soupiraux de l'enfer.

Le poisson qui rouvrit l'œil mort du vieux Tobie
Se joue au fond du golfe où dort Fontarabie;

GRENADE

Alicante aux clochers mêle les minarets ;
Compostelle a son saint ; Cordoue aux maisons vieilles
A sa mosquée, où l'œil se perd dans les merveilles ;
    Madrid a le Manzanarès.

    Bilbao, des flots couverte,
    Jette une pelouse verte
    Sur ses murs noirs et caducs ;
    Medina la chevalière,
    Cachant sa pauvreté fière
    Sous le manteau de ses ducs,
    N'a rien que ses sycomores,
    Car ses beaux ponts sont aux Maures,
    Aux Romains ses aqueducs.

Valence a les clochers de ses trois cents églises ;
L'austère Alcantara livre au souffle des brises
Les drapeaux turcs pendus en foule à ses piliers ;
Salamanque en riant s'assied sur trois collines,
    S'endort au son des mandolines,
Et s'éveille en sursaut aux cris des écoliers.

    Tortose est chère à saint Pierre ;
    Le marbre est comme la pierre
    Dans la riche Puycerda ;
    De sa bastille octogone

Tuy se vante, et Tarragone
De ses murs qu'un roi fonda ;
Le Douro coule à Zamore ;
Tolède a l'alcazar maure,
Séville a la giralda.

Burgos de son chapitre étale la richesse ;
Peñaflor est marquise, et Girone est duchesse ;
Bivar est une nonne aux sévères atours ;
Toujours prête au combat, la sombre Pampelune,
Avant de s'endormir aux rayons de la lune,
  Ferme sa ceinture de tours.

Toutes ces villes d'Espagne
S'épandent dans la campagne
Ou hérissent la sierra ;
Toutes ont des citadelles
Dont sous des mains infidèles
Aucun beffroi ne vibra ;
Toutes sur leurs cathédrales
Ont des clochers en spirales ;
Mais Grenade a l'Alhambra.

L'Alhambra ! l'Alhambra ! palais que les génies
Ont doré comme un rêve et rempli d'harmonies,

GRENADE

Forteresse aux créneaux festonnés et croulants,
Où l'on entend, la nuit, de magiques syllabes,
Quand la lune, à travers les mille arceaux arabes,
    Sème les murs de trèfles blancs !

    Grenade a plus de merveilles
    Que n'a de graines vermeilles
    Le beau fruit de ses vallons ;
    Grenade, la bien nommée,
    Lorsque la guerre enflammée
    Déroule ses pavillons,
    Cent fois plus terrible éclate
    Que la grenade écarlate
    Sur le front des bataillons.

Il n'est rien de plus beau ni de plus grand au monde ;
Soit qu'à Vivataubin Vivaconlud réponde,
Avec son clair tambour de clochettes orné ;
Soit que, se couronnant de feux comme un calife,
    L'éblouissant Généralife
Élève dans la nuit son faîte illuminé.

    Les clairons des Tours-Vermeilles
    Sonnent comme des abeilles
    Dont le vent chasse l'essaim ;
    Alcacava pour les fêtes

A des cloches toujours prêtes
A bourdonner dans son sein,
Qui dans leurs tours africaines
Vont éveiller les dulcaynes
Du sonore Albaycin.

Grenade efface en tout ses rivales : Grenade
Chante plus mollement la molle sérénade;
Elle peint ses maisons de plus riches couleurs;
Et l'on dit que les vents suspendent leurs haleines
Quand par un soir d'été Grenade dans ses plaines
  Répand ses femmes et ses fleurs.

L'Arabie est son aïeule.
Les Maures, pour elle seule,
Aventuriers hasardeux,
Joueraient l'Asie et l'Afrique;
Mais Grenade est catholique,
Grenade se raille d'eux;
Grenade, la belle ville,
Serait une autre Séville
S'il en pouvait être deux.

Avril 1828.

LES BLUETS

Si es verdad ó non, yo no lo he hy de ver,
Pero non lo quiero en olvido poner.
          JOAN LORENZO SEGURA DE ASTORGA.

« Si cela est vrai ou non, je n'ai pas à le voir ici,
mais je ne le veux pas mettre en oubli. »

XXXII

Tandis que l'étoile inodore
Que l'été mêle aux blonds épis
Émaille de son bleu lapis
Les sillons que la moisson dore,

Avant que, de fleurs dépeuplés,
Les champs aient subi les faucilles,
Allez, allez, ô jeunes filles !
Cueillir des bluets dans les blés.

Entre les villes andalouses
Il n'en est pas qui sous le ciel
S'étende mieux que Peñafiel
Sur les gerbes et les pelouses ;
Pas qui dans ses murs crénelés
Lève de plus fières bastilles...
Allez, allez, ô jeunes filles !
Cueillir des bluets dans les blés.

Il n'est pas de cité chrétienne,
Pas de monastère à beffroi,
Chez le saint-père et chez le roi,
Où, vers la Saint-Ambroise, il vienne
Plus de bons pèlerins hâlés,
Portant bourdon, gourde et coquilles...
Allez, allez, ô jeunes filles !
Cueillir des bluets dans les blés.

Dans nul pays, les jeunes femmes,
Les soirs, lorsque l'on danse en rond,
N'ont plus de roses sur le front,
Et n'ont dans le cœur plus de flammes ;

LES BLUETS

Jamais plus vifs et plus voilés
Regards n'ont lui sous les mantilles...
Allez, allez, ô jeunes filles!
Cueillir des bluets dans les blés.

La perle de l'Andalousie,
Alice, était de Peñafiel,
Alice, qu'en faisant son miel
Pour fleur une abeille eût choisie.
Ces jours, hélas! sont envolés;
On la citait dans les familles...
Allez, allez, ô jeunes filles!
Cueillir des bluets dans les blés.

Un étranger vint dans la ville,
Jeune et parlant avec dédain.
Était-ce un Maure grenadin?
Un de Murcie ou de Séville?
Venait-il des bords désolés
Où Tunis a ses escadrilles?..
Allez, allez, ô jeunes filles!
Cueillir des bluets dans les blés.

On ne savait. — La pauvre Alice
En fut aimée, et puis l'aima.
Le doux vallon du Xarama
De leur doux péché fut complice.

Le soir, sous les cieux étoilés,
Tous deux erraient par les charmilles...
Allez, allez, ô jeunes filles !
Cueillir des bluets dans les blés.

La ville était lointaine et sombre ;
Et la lune, douce aux amours,
Se levant derrière les tours
Et les clochers perdus dans l'ombre,
Des édifices dentelés
Découpait en noir les aiguilles...
Allez, allez, ô jeunes filles !
Cueillir des bluets dans les blés.

Cependant, d'Alice jalouses,
En rêvant au bel étranger,
Sous l'arbre à soie et l'oranger
Dansaient les brunes Andalouses ;
Les cors, aux guitares mêlés,
Animaient les joyeux quadrilles...
Allez, allez, ô jeunes filles !
Cueillir des bluets dans les blés.

L'oiseau dort dans le lit de mousse
Que déjà menace l'autour ;
Ainsi dormait dans son amour
Alice confiante et douce.

Le jeune homme aux cheveux bouclés,
C'était don Juan, roi des Castilles...
Allez, allez, ô jeunes filles!
Cueillir des bluets dans les blés.

Or, c'est péril qu'aimer un prince.
Un jour, sur un noir palefroi
On la jeta de par le roi;
On l'arracha de la province;
Un cloître sur ses jours troublés
De par le roi ferma ses grilles...
Allez, allez, ô jeunes filles!
Cueillir des bluets dans les blés.

Avril 1828.

FANTÔMES

Luenga es su noche, y cerrados
Estan sus ojos pesados.
¡Idos, idos en paz, vientos alados!

« Longue est sa nuit, et fermés sont ses yeux
lourds Allez, allez en paix, vents ailés ! «

XXXIII

I

Hélas! que j'en ai vu mourir de jeunes filles!
C'est le destin : il faut une proie au trépas ;
Il faut que l'herbe tombe au tranchant des faucilles ;
Il faut que dans le bal les folâtres quadrilles
    Foulent des roses sous leurs pas.

Il faut que l'eau s'épuise à courir les vallées ;
Il faut que l'éclair brille, et brille peu d'instants ;
Il faut qu'avril jaloux brûle de ses gelées
Le beau pommier, trop fier de ses fleurs étoilées,
    Neige odorante du printemps.

Oui, c'est la vie. Après le jour, la nuit livide ;
Après tout, le réveil, infernal ou divin.
Autour du grand banquet siége une foule avide ;
Mais bien des conviés laissent leur place vide,
    Et se lèvent avant la fin.

II

Que j'en ai vu mourir ! — L'une était rose et blanche ;
L'autre semblait ouïr de célestes accords ;
L'autre, faible, appuyait d'un bras son front qui penche,
Et, comme en s'envolant l'oiseau courbe la branche,
    Son âme avait brisé son corps.

Une, pâle, égarée, en proie au noir délire,
Disait tout bas un nom dont nul ne se souvient ;
Une s'évanouit, comme un chant sur la lyre ;
Une autre en expirant avait le doux sourire
    D'un jeune ange qui s'en revient.

Toutes, fragiles fleurs, sitôt mortes que nées,
Alcyons engloutis avec leurs nids flottants !
Colombes que le ciel au monde avait données !
Qui, de grâce, et d'enfance, et d'amour couronnées,
    Comptaient leurs ans par les printemps !

Quoi, mortes ! quoi, déjà sous la pierre couchées !
Quoi ! tant d'êtres charmants sans regards et sans voix !
Tant de flambeaux éteints, tant de fleurs arrachées ! —
Oh ! laissez-moi fouler les feuilles desséchées
    Et m'égarer au fond des bois !

Des fantômes ! c'est là, quand je rêve dans l'ombre,
Qu'ils viennent tour à tour m'entendre et me parler.
Un jour douteux me montre et me cache leur nombre ;
A travers les rameaux et le feuillage sombre,
    Je vois leurs yeux étinceler.

Mon âme est une sœur pour ces ombres si belles ;
La vie et le tombeau pour nous n'ont plus de loi ;
Tantôt j'aide leurs pas, tantôt je prends leurs ailes :
Vision ineffable où je suis mort comme elles,
    Elles, vivantes comme moi !

Elles prêtent leur forme à toutes mes pensées :
Je les vois ! je les vois ! Elles me disent : Viens !

Puis autour d'un tombeau dansent entrelacées;
Puis s'en vont lentement, par degrés éclipsées
    Alors je songe et me souviens...

III

Une surtout : — un ange, une jeune Espagnole!
Blanches mains, sein gonflé de soupirs innocents,
Un œil noir, où luisaient des regards de créole,
Et ce charme inconnu, cette fraîche auréole
    Qui couronne un front de quinze ans!

Non, ce n'est point d'amour qu'elle est morte : pour elle
L'amour n'avait encor ni plaisirs ni combats;
Rien ne faisait encor battre son cœur rebelle;
Quand tous en la voyant s'écriaient : Qu'elle est belle!
    Nul ne le lui disait tout bas.

Elle aimait trop le bal, c'est ce qui l'a tuée.
Le bal éblouissant, le bal délicieux!
Sa cendre encor frémit doucement remuée,
Quand, dans la nuit sereine, une blanche nuée
    Danse autour du croissant des cieux.

Elle aimait trop le bal. — Quand venait une fête,
Elle y pensait trois jours, trois nuits elle y rêvait;

Et femmes, musiciens, danseurs que rien n'arrête,
Venaient, dans son sommeil, troublant sa jeune tête,
    Rire et bruire à son chevet.

Puis c'étaient des bijoux, des colliers, des merveilles !
Des ceintures de moire aux ondoyants reflets ;
Des tissus plus légers que des ailes d'abeilles ;
Des festons, des rubans, à remplir des corbeilles ;
    Des fleurs à payer un palais !

La fête commencée, avec ses sœurs rieuses
Elle accourait, froissant l'éventail sous ses doigts,
Puis s'asseyait parmi les écharpes soyeuses,
Et son cœur éclatait en fanfares joyeuses,
    Avec l'orchestre aux mille voix.

C'était plaisir de voir danser la jeune fille !
Sa basquine agitait ses paillettes d'azur ;
Ses grands yeux noirs brillaient sous la noire mantille :
Telle une double étoile au front des nuits scintille
    Sous les plis d'un nuage obscur.

Tout en elle était danse, et rire, et folle joie.
Enfant ! — Nous l'admirions dans nos tristes loisirs !
Car ce n'est point au bal que le cœur se déploie :
La cendre y vole autour des tuniques de soie.
    L'ennui sombre autour des plaisirs.

Mais elle, par la valse ou la ronde emportée,
Volait, et revenait, et ne respirait pas,
Et s'enivrait des sons de la flûte vantée,
Des fleurs, des lustres d'or, de la fête enchantée,
    Du bruit des voix, du bruit des pas.

Quel bonheur de bondir, éperdue, en la foule,
De sentir par le bal ses sens multipliés,
Et de ne pas savoir si dans la nue on roule,
Si l'on chasse en fuyant la terre, ou si l'on foule
    Un flot tournoyant sous ses pieds !

Mais, hélas ! il fallait, quand l'aube était venue,
Partir, attendre au seuil le manteau de satin.
C'est alors que souvent la danseuse ingénue
Sentit en frissonnant sur son épaule nue
    Glisser le souffle du matin.

Quels tristes lendemains laisse le bal folâtre !
Adieu parure et danse, et rires enfantins !
Aux chansons succédait la toux opiniâtre,
Au plaisir rose et frais la fièvre au teint bleuâtre,
    Aux yeux brillants les yeux éteint.

IV

Elle est morte. — A quinze ans, belle, heureuse, adorée !
Morte au sortir d'un bal qui nous mit tous en deuil,

Morte, hélas ! et des bras d'une mère égarée
La mort aux froides mains la prit toute parée,
    Pour l'endormir dans le cercueil.

Pour danser d'autres bals elle était encore prête,
Tant la mort fut pressée à prendre un corps si beau !
Et ces roses d'un jour qui couronnaient sa tête,
Qui s'épanouissaient la veille en une fête,
    Se fanèrent dans un tombeau.

V

Sa pauvre mère, hélas ! de son sort ignorante,
Avait mis tant d'amour sur ce frêle roseau,
Et si longtemps veillé son enfance souffrante,
Et passé tant de nuits à l'endormir pleurante
    Toute petite en son berceau !

A quoi bon ? — Maintenant la jeune trépassée
Sous le plomb du cercueil, livide, en proie au ver,
Dort ; et si, dans la tombe où nous l'avons laissée,
Quelque fête des morts la réveille glacée,
    Par une belle nuit d'hiver,

Un spectre au rire affreux à sa morne toilette
Préside au lieu de mère, et lui dit : Il est temps !

Et, glaçant d'un baiser sa lèvre violette,
Passe les doigts noueux de sa main de squelette
  Sous ses cheveux longs et flottants.

Puis, tremblante, il la mène à la danse fatale,
Au chœur aérien dans l'ombre voltigeant;
Et sur l'horizon gris la lune est large et pâle,
Et l'arc-en-ciel des nuits teint d'un reflet d'opale
  Le nuage aux franges d'argent.

VI

Vous toutes qu'à ses jeux le bal riant convie,
Pensez à l'Espagnole éteinte sans retour,
Jeunes filles! Joyeuse, et d'une main ravie,
Elle allait moissonnant les roses de la vie,
  Beauté, plaisir, jeunesse, amour!

La pauvre enfant, de fête en fête promenée,
De ce bouquet charmant arrangeait les couleurs;
Mais qu'elle a passé vite, hélas! l'infortunée!
Ainsi qu'Ophélia par le fleuve entraînée,
  Elle est morte en cueillant des fleurs!

Avril 1828.

A M. LOUIS BOULANGER

MAZEPPA

Away! — Away! —
BYRON, *Mazeppa.*

« En avant! en avant! »

XXXIV

I

Ainsi, quand Mazeppa, qui rugit et qui pleure,
A vu ses bras, ses pieds, ses flancs qu'un sabre effleure,
　　Tous ses membres liés
Sur un fougueux cheval, nourri d'herbes marines,

Qui fume et fait jaillir le feu de ses narines,
  Et le feu de ses pieds ;

Quand il s'est dans ses nœuds roulé comme un reptile,
Qu'il a bien réjoui de sa rage inutile
  Ses bourreaux tout joyeux,
Et qu'il retombe enfin sur la croupe farouche,
La sueur sur le front, l'écume dans la bouche,
  Et du sang dans les yeux ;

Un cri part, et soudain voilà que par la plaine
Et l'homme et le cheval, emportés, hors d'haleine,
  Sur les sables mouvants,
Seuls, emplissant de bruit un tourbillon de poudre
Pareil au noir nuage où serpente la foudre,
  Volent avec les vents !

Ils vont. Dans les vallons comme un orage ils passent,
Comme ces ouragans qui dans les monts s'entassent,
  Comme un globe de feu ;
Puis déjà ne sont plus qu'un point noir dans la brume,
Puis s'effacent dans l'air comme un flocon d'écume
  Au vaste Océan bleu.

Ils vont. L'espace est grand. Dans le désert immense,
Dans l'horizon sans fin qui toujours recommence,

Ils se plongent tous deux.
Leur course comme un vol les emporte, et grands chênes,
Villes et tours, monts noirs liés en longues chaînes,
Tout chancelle autour d'eux.

Et si l'infortuné, dont la tête se brise,
Se débat, le cheval, qui devance la brise,
D'un bond plus effrayé
S'enfonce au désert vaste, aride, infranchissable,
Qui devant eux s'étend, avec ses plis de sable,
Comme un manteau rayé.

Tout vacille et se peint de couleurs inconnues :
Il voit courir les bois, courir les larges nues,
Le vieux donjon détruit,
Les monts dont un rayon baigne les intervalles ;
Il voit, et des troupeaux de fumantes cavales
Le suivent à grand bruit !

Et le ciel, où déjà les pas du soir s'allongent
Avec ses océans de nuages où plongent
Des nuages encor,
Et son soleil qui fend leurs vagues de sa proue,
Sur son front ébloui tourne comme une roue
De marbre aux veines d'or !

Son œil s'égare et luit, sa chevelure traîne,
Sa tête pend; son sang rougit la jaune arène,
    Les buissons épineux;
Sur ses membres gonflés la corde se replie,
Et, comme un long serpent, resserre et multiplie
    Sa morsure et ses nœuds.

Le cheval, qui ne sent ni le mors ni la selle,
Toujours fuit, et toujours son sang coule et ruisselle,
    Sa chair tombe en lambeaux;
Hélas! voici déjà qu'aux cavales ardentes
Qui le suivaient, dressant leurs crinières pendantes,
    Succèdent les corbeaux!

Les corbeaux, le grand-duc à l'œil rond, qui s'effraye,
L'aigle effaré des champs de bataille, et l'orfraie,
    Monstre au jour inconnu,
Les obliques hiboux, et le grand vautour fauve,
Qui fouille au flanc des morts, où son cou rouge et chauve
    Plonge comme un bras nu!

Tous viennent élargir la funèbre volée;
Tous quittent pour le suivre et l'yeuse isolée,
    Et les nids du manoir.
Lui, sanglant, éperdu, sourd à leurs cris de joie,
Demande en les voyant : Qui donc là-haut déploie
    Ce grand éventail noir?

La nuit descend, lugubre et sans robe étoilée;
L'essaim s'acharne, et suit, tel qu'une meute ailée,
      Le voyageur fumant.
Entre le ciel et lui, comme un tourbillon sombre,
Il les voit, puis les perd, et les entend dans l'ombre
      Voler confusément.

Enfin, après trois jours d'une course insensée,
Après avoir franchi fleuves à l'eau glacée,
      Steppes, forêts, déserts,
Le cheval tombe aux cris des mille oiseaux de proie,
Et son ongle de fer sur la pierre qu'il broie
      Éteint ses quatre éclairs.

Voilà l'infortuné, gisant, nu, misérable,
Tout tacheté de sang, plus rouge que l'érable
      Dans la saison des fleurs.
Le nuage d'oiseaux sur lui tourne et s'arrête;
Maint bec ardent aspire à ronger dans sa tête
      Ses yeux brûlés de pleurs.

Eh bien, ce condamné qui hurle et qui se traîne,
Ce cadavre vivant, les tribus de l'Ukraine
      Le feront prince un jour.
Un jour, semant les champs de morts sans sépultures,
Il dédommagera par de larges pâtures
      L'orfraie et le vautour.

Sa sauvage grandeur naîtra de son supplice.
Un jour, des vieux hetmans il ceindra la pelisse,
    Grand à l'œil ébloui ;
Et quand il passera, ces peuples de la tente,
Prosternés, enverront la fanfare éclatante
    Bondir autour de lui !

II

Ainsi, lorsqu'un mortel, sur qui son dieu s'étale,
S'est vu lié vivant sur ta croupe fatale,
    Génie, ardent coursier,
En vain il lutte, hélas ! tu bondis, tu l'emportes
Hors du monde réel, dont tu brises les portes
    Avec tes pieds d'acier !

Tu franchis avec lui déserts, cimes chenues
Des vieux monts, et les mers, et, par delà les nues,
    De sombres régions ;
Et mille impurs esprits, que ta course réveille
Autour du voyageur, insolente merveille,
    Pressent leurs légions !

Il traverse d'un vol, sur tes ailes de flamme,
Tous les champs du possible, et les mondes de l'âme ;
    Boit au fleuve éternel ;

Dans la nuit orageuse ou la nuit étoilée,
Sa chevelure, aux crins des comètes mêlée,
    Flamboie au front du ciel.

Les six lunes d'Herschel, l'anneau du vieux Saturne,
Le pôle, arrondissant une aurore nocturne
    Sur son front boréal,
Il voit tout; et pour lui ton vol, que rien ne lasse,
De ce monde sans borne à chaque instant déplace
    L'horizon idéal.

Qui peut savoir, hormis les démons et les anges,
Ce qu'il souffre à te suivre, et quels éclairs étranges
    A ses yeux reluiront,
Comme il sera brûlé d'ardentes étincelles,
Hélas! et dans la nuit combien de froides ailes
    Viendront battre son front?

Il crie épouvanté, tu poursuis implacable.
Pâle, épuisé, béant, sous ton vol qui l'accable
    Il ploie avec effroi;
Chaque pas que tu fais semble creuser sa tombe;
Enfin le terme arrive... il court, il vole, il tombe,
    Et se relève roi!

                              Mai 1828.

LE
DANUBE EN COLÈRE

Admonet, et magna testatur voce per umbras.
VIRGILE.

XXXV

Belgrade et Semlin sont en guerre.
Dans son lit, paisible naguère,
Le vieillard Danube, leur père,
S'éveille au bruit de leur canon.

Il doute s'il rêve, il tressaille,
Puis entend gronder la bataille,
Et frappe dans ses mains d'écaille,
Et les appelle par leur nom.

« Allons, la turque et la chrétienne !
» Semlin ! Belgrade ! qu'avez-vous ?
» On ne peut, le ciel me soutienne !
» Dormir un instant sans que vienne
» Vous éveiller d'un bruit jaloux
» Belgrade ou Semlin en courroux !

» Hiver, été, printemps, automne,
» Toujours votre canon qui tonne !
» Bercé du courant monotone,
» Je sommeillais dans mes roseaux ;
» Et, comme des louves marines
» Jettent l'onde de leurs narines,
» Voilà vos longues couleuvrines
» Qui soufflent du feu sur mes eaux !

» Ce sont des sorcières oisives
» Qui vous mirent, pour rire un jour,
» Face à face sur mes deux rives,
» Comme au même plat deux convives,
» Comme au front de la même tour
» Une aire d'aigle, un nid d'autour.

» Quoi ! ne pouvez-vous vivre ensemble,
» Mes filles ? faut-il que je tremble
» Du destin qui ne vous rassemble
» Que pour vous haïr de plus près,
» Quand vous pourriez, sœurs pacifiques,
» Mirer dans mes eaux magnifiques,
» Semlin, tes noirs clochers gothiques,
» Belgrade, tes blancs minarets ?

» Mon flot, qui dans l'Océan tombe,
» Vous sépare en vain, large et clair,
» Du haut du château qui surplombe
» Vous vous unissez, et la bombe,
» Entre vous courbant son éclair,
» Vous trace un pont de feu dans l'air.

» Trêve ! taisez-vous, les deux villes !
» Je m'ennuie aux guerres civiles ;
» Nous sommes vieux, soyons tranquilles ;
» Dormons à l'ombre des bouleaux.
» Trêve à ces débats de familles !
» Eh ! sans le bruit de vos bastilles,
» N'ai-je donc point assez, mes filles,
» De l'assourdissement des flots !

» Une croix, un croissant fragile,
» Changent en enfer ce beau lieu.

» Vous échangez la bombe agile
» Pour le Coran et l'Évangile !
» C'est perdre le bruit et le feu :
» Je le sais, moi qui fus un dieu !

» Vos dieux m'ont chassé de leur sphère
» Et dégradé, c'est leur affaire !
» L'ombre est le bien que je préfère,
» Pourvu qu'ils gardent leurs palais,
» Et ne viennent pas sur mes plages
» Déraciner mes verts feuillages,
» Et m'écraser mes coquillages
» Sous leurs bombes et leurs boulets !

» De leurs abominables cultes
» Ces inventions sont le fruit.
» De mon temps point de ces tumultes ;
» Si la pierre des catapultes
» Battait les cités jour et nuit,
» C'était sans fumée et sans bruit.

» Voyez Ulm, votre sœur jumelle :
» Tenez-vous en repos comme elle ;
» Que le fil des rois se démêle,
» Tournez vos fuseaux et riez.

» Voyez Bude, votre voisine;
» Voyez Dristra la sarrasine!
» Que dirait l'Etna, si Messine
» Faisait tout ce bruit à ses pieds?

» Semlin est la plus querelleuse :
» Elle a toujours les premiers torts.
» Croyez-vous que mon eau houleuse,
» Suivant sa pente rocailleuse,
» N'ait rien à faire entre ses bords
» Qu'à porter à l'Euxin vos morts?

» Vos mortiers ont tant de fumée,
» Qu'il fait nuit dans ma grotte aimée,
» D'éclats d'obus toujours semée!
» Du jour j'ai perdu le tableau;
» Le soir, la vapeur de leur bouche
» Me couvre d'une ombre farouche,
» Quand je cherche à voir de ma couche
» Les étoiles à travers l'eau.

» Sœurs, à vous cribler de blessures
» Espérez-vous un grand renom?
» Vos palais deviendront masures.
» Ah! qu'en vos noires embrasures
» La guerre se taise, ou sinon
» J'éteindrai, moi, votre canon.

» Car je suis le Danube immense.
» Malheur à vous si je commence !
» Je vous souffre ici par clémence.
» Si je voulais, de leur prison,
» Mes flots, lâchés dans les campagnes,
» Emportant vous et vos compagnes,
» Comme une chaîne de montagnes
» Se lèveraient à l'horizon ! »

Certe on peut parler de la sorte
Quand c'est au canon qu'on répond ;
Quand des rois on baigne la porte,
Lorsqu'on est Danube, et qu'on porte,
Comme l'Euxin et l'Hellespont,
De grands vaisseaux au triple pont ;

Lorsqu'on ronge cent ponts de pierres,
Qu'on traverse les huit Bavières,
Qu'on reçoit soixante rivières
Et qu'on les dévore en fuyant ;
Qu'on a, comme une mer, sa houle ;
Quand sur le globe on se déroule
Comme un serpent, et quand on coule
De l'Occident à l'Orient !

Juin 1828

RÊVERIE

> Lo giorno se n' andava, e l'aer bruno
> Toglieva gli animai che sono 'n terra
> Dalle fatiche loro.
> DANTE.

XXXVI

Oh! laissez-moi! c'est l'heure où l'horizon qui fume
Cache un front inégal sous un cercle de brume;
L'heure où l'astre géant rougit et disparaît.
Le grand bois jaunissant dore seul la colline :

On dirait qu'en ces jours où l'automne décline,
Le soleil et la pluie ont rouillé la forêt.

Oh! qui fera surgir soudain, qui fera naître,
Là-bas, — tandis que seul je rêve à la fenêtre,
Et que l'ombre s'amasse au fond du corridor, —
Quelque ville mauresque, éclatante, inouïe,
Qui, comme la fusée en gerbe épanouie,
Déchire ce brouillard avec ses flèches d'or?

Qu'elle vienne inspirer, ranimer, ô génies!
Mes chansons, comme un ciel d'automne rembrunies,
Et jeter dans mes yeux son magique reflet,.
Et longtemps s'éteignant en rumeurs étouffées,
Avec les mille tours de ses palais de fées,
Brumeuse, denteler l'horizon violet!

Septembre 1828.

EXTASE

> Et j'entendis une grande voix.
> *Apocalypse.*

XXXVII

J'étais seul près des flots, par une nuit d'étoiles;
Pas un nuage aux cieux, sur les mers pas de voiles;
Mes yeux plongeaient plus loin que le monde réel,
Et les bois, et les monts, et toute la nature,

Semblaient interroger dans un confus murmure
  Les flots des mers, les feux du ciel.

Et les étoiles d'or, légions infinies,
A voix haute, à voix basse, avec mille harmonies,
Disaient en inclinant leur couronne de feu ;
Et les flots bleus, que rien ne gouverne et n'arrête,
Disaient, en recourbant l'écume de leur crête :
  — C'est le Seigneur, le Seigneur Dieu !

Novembre 1828.

LE POËTE AU CALIFE

> Tous les habitants de la terre sont devant lui comme un néant ; il fait tout ce qui lui plaît ; et nul ne peut résister à sa main puissante, ni lui dire : Pourquoi avez-vous fait ainsi ?
>
> Daniel.

XXXVIII

O sultan Noureddin, calife aimé de Dieu !
Tu gouvernes, seigneur, l'empire du milieu,
    De la mer Rouge au fleuve Jaune ;
Les rois des nations, vers ta face tournés,

Pavent, silencieux, de leurs fronts prosternés,
Le chemin qui mène à ton trône.

Ton sérail est très-grand, tes jardins sont très-beaux,
Tes femmes ont des yeux vifs comme des flambeaux,
Qui pour toi seul percent leurs voiles.
Lorsque, astre impérial, aux peuples pleins d'effroi
Tu luis, tes trois cents fils brillent autour de toi
Comme ton cortége d'étoiles.

Ton front porte une aigrette et ceint le turban vert;
Tu peux voir folâtrer dans leur bain entr'ouvert,
Sous la fenêtre où tu te penches,
Les femmes de Madras plus douces qu'un parfum,
Et les filles d'Alep, qui sur leur beau sein brun
Ont des colliers de perles blanches.

Ton sabre large et nu semble en ta main grandir;
Toujours dans la bataille on le voit resplendir,
Sans trouver turban qui le rompe,
Au point où la mêlée a de plus noirs détours,
Où les grands éléphants, entre-choquant leurs tours,
Prennent des chevaux dans leur trompe.

Une fée est cachée en tout ce que tu vois;
Quand tu parles, calife, on dirait que ta voix

Descend d'un autre monde au nôtre ;
Dieu lui-même t'admire, et de félicités
Emplit la coupe d'or que tes jours enchantés,
    Joyeux, se passent l'un à l'autre.

Mais souvent dans ton cœur, radieux Noureddin,
Une triste pensée apparaît, et soudain
    Glace ta grandeur taciturne :
Telle en plein jour, parfois, sous un soleil de feu,
La lune, astre des morts, blanche au fond d'un ciel bleu,
    Montre à demi son front nocturne.

Octobre 1828.

BOUNABERDI

Grand comme le monde.

XXXIX

Souvent Bounaberdi, sultan des Francs d'Europe,
Que, comme un noir manteau, le semoun enveloppe,
Monte, géant lui-même, au front d'un mont géant,
D'où son regard, errant sur le sable ou sur l'onde,

Embrasse d'un coup d'œil les deux moitiés du monde,
Gisantes à ses pieds dans l'abîme béant.

Il est seul et debout sur ce sublime faîte.
A sa droite couché, le désert qui le fête
D'un nuage de poudre importune ses yeux ;
A sa gauche, la mer, dont jadis il fut l'hôte,
Élève jusqu'à lui sa voix profonde et haute,
Comme aux pieds de son maître aboie un chien joyeux.

Et le vieil Empereur, que tour à tour réveille
Ce nuage à ses yeux, ce bruit à son oreille,
Rêve, et, comme à l'amante on voit songer l'amant,
Croit que c'est une armée, invisible et sans nombre,
Qui fait cette poussière et ce bruit pour son ombre,
Et sous l'horizon gris passe éternellement !

PRIÈRE

Oh ! quand tu reviendras rêver sur la montagne,
Bounaberdi ! regarde un peu dans la campagne
Ma tente qui blanchit dans les sables grondants,
Car je suis libre et pauvre, un Arabe du Caire !
Et, quand j'ai dit : Allah ! mon bon cheval de guerre
Vole, et sous sa paupière a deux charbons ardents !

Novembre 1828.

LUI

> J'étais géant alors et haut de cent coudées.
> BUONAPARTE.

XL

I

Toujours lui! lui partout! — Ou brûlante ou glacée,
Son image sans cesse ébranle ma pensée;
Il verse à mon esprit le souffle créateur;
Je tremble, et dans ma bouche abondent les paroles

Quand son nom gigantesque, entouré d'auréoles,
Se dresse dans mon vers de toute sa hauteur.

Là, je le vois, guidant l'obus aux bonds rapides ;
Là, massacrant le peuple au nom des régicides ;
Là, soldat, aux tribuns arrachant leurs pouvoirs ;
Là, consul jeune et fier, amaigri par des veilles
Que des rêves d'empire emplissaient des merveilles,
    Pâle sous ses longs cheveux noirs ;

Puis, empereur puissant, dont la tête s'incline,
Gouvernant un combat du haut de la colline,
Promettant une étoile à ses soldats joyeux,
Faisant signe aux canons qui vomissent les flammes,
De son âme à la guerre armant six cent mille âmes,
Grave et serein, avec un éclair dans les yeux !

Puis, pauvre prisonnier, qu'on raille et qu'on tourmente,
Croisant ses bras oisifs sur son sein qui fermente,
En proie aux geôliers vils comme un vil criminel,
Vaincu, chauve, courbant son front noir de nuages,
Promenant sur un roc où passent les orages
    Sa pensée, orage éternel.

Qu'il est grand là surtout ! quand puissance brisée,
Des porte-clefs anglais misérable risée,

Au sacré du malheur il retrempe ses droits,
Tient au bruit de ses pas deux mondes en haleine,
Et, mourant de l'exil, gêné dans Sainte-Hélène,
Manque d'air dans la cage où l'exposent les rois !

Qu'il est grand à cette heure où, prêt à voir Dieu même,
Son œil qui s'éteint roule une larme suprême !
Il évoque à sa mort sa vieille armée en deuil,
Se plaint à ses guerriers d'expirer solitaire,
Et, prenant pour linceul son manteau militaire,
    Du lit de camp passe au cercueil !

II

A Rome, où du sénat hérite le conclave,
A l'Elbe, aux monts blanchis de neige ou noirs de lave,
Au menaçant Kremlin, à l'Alhambra riant,
Il est partout ! — Au Nil je le retrouve encore.
L'Égypte resplendit des feux de son aurore ;
Son astre impérial se lève à l'orient.

Vainqueur, enthousiaste, éclatant de prestiges,
Prodige, il étonna la terre des prodiges.
Les vieux cheiks vénéraient l'émir jeune et prudent !
Le peuple redoutait ses armes inouïes ;
Sublime, il apparut aux tribus éblouies
    Comme un Mahomet d'Occident.

Leur féerie a déjà réclamé son histoire ;
La tente de l'Arabe est pleine de sa gloire ;
Tout bédouin libre était son hardi compagnon ;
Les petits enfants, l'œil tourné vers nos rivages,
Sur un tambour français règlent leurs pas sauvages,
Et les ardents chevaux hennissent à son nom.

Parfois il vient, porté sur l'ouragan numide,
Prenant pour piédestal la grande pyramide,
Contempler les déserts, sablonneux océans ;
Là, son ombre, éveillant le sépulcre sonore,
Comme pour la bataille y ressuscite encore
  Les quarante siècles géants.

Il dit : Debout ! Soudain chaque siècle se lève,
Ceux-ci portant le sceptre et ceux-là ceints du glaive,
Satrapes, pharaons, mages, peuple glacé.
Immobiles, poudreux, muets, sa voix les compte ;
Tous semblent, adorant son front qui les surmonte,
Faire à ce roi des temps une cour du passé.

Ainsi tout, sous les pas de l'homme ineffaçable,
Tout devient monument ; il passe sur le sable ;
Mais qu'importe qu'Assur de ses flots soit couvert,
Que l'aquilon sans cesse y fatigue son aile ?
Son pied colossal laisse une trace éternelle
  Sur le front mouvant du désert.

III

Histoire, poésie, il joint du pied vos cimes.
Éperdu, je ne puis dans ces mondes sublimes
Remuer rien de grand sans toucher à son nom;
Oui, quand tu m'apparais, pour le culte ou le blâme,
Les chants volent dressés sur mes lèvres de flamme,
Napoléon, soleil dont je suis le Memnon!

Tu domines notre âge; ange ou démon, qu'importe!
Ton aigle dans son vol haletant nous emporte;
L'œil même qui te fuit te retrouve partout;
Toujours dans nos tableaux tu jettes ta grande ombre;
Toujours Napoléon, éblouissant et sombre,
    Sur le seuil du siècle est debout.

Ainsi, quand, du Vésuve explorant le domaine,
De Naple à Portici l'étranger se promène,
Lorsqu'il trouble, rêveur, de ses pas importuns
Ischia, de ses fleurs, embaumant l'onde heureuse
Dont le bruit, comme un chant de sultane amoureuse,
Semble une voix qui vole au milieu des parfums;

Qu'il hante de Pœstum l'auguste colonnade;
Qu'il écoute à Pouzzol la vive sérénade

Chantant la tarentelle au pied d'un mur toscan;
Qu'il éveille en passant cette cité momie,
Pompéi, corps gisant d'une ville endormie,
    Saisie un jour par le volcan;

Qu'il erre au Pausilippe avec la barque agile
D'où le brun marinier chante Tasse à Virgile :
Toujours, sous l'arbre vert, sur les lits de gazon,
Toujours il voit, du sein des mers ou des prairies,
Du haut des caps, du bord des presqu'îles fleuries,
Toujours le noir géant qui fume à l'horizon!

                        Décembre 1828.

NOVEMBRE

Je lui dis : La rose du jardin, comme tu sais, dure peu,
et la saison des roses est bien vite écoulée.

SADI.

XLI

Quand l'automne, abrégeant les jours qu'elle dévore,
Éteint leurs soirs de flamme et glace leur aurore ;
Quand Novembre de brume inonde le ciel bleu,
Que le bois tourbillonne et qu'il neige des feuilles,

O ma Muse! en mon âme alors tu te recueilles,
Comme un enfant transi qui s'approche du feu.

Devant le sombre hiver de Paris qui bourdonne,
Ton soleil d'Orient s'éclipse et t'abandonne.
Ton beau rêve d'Asie avorte, et tu ne vois
Sous tes yeux que la rue au bruit accoutumée,
Brouillard à ta fenêtre et longs flots de fumée
Qui baignent en fuyant l'angle noirci des toits.

Alors s'en vont en foule et sultans et sultanes,
Pyramides, palmiers, galères capitanes,
Et le tigre vorace et le chameau frugal,
Djinns au vol furieux, danses des bayadères,
L'Arabe qui se penche au cou des dromadaires,
Et la fauve girafe au galop inégal.

Alors éléphants blancs chargés de femmes brunes,
Cités aux dômes d'or où les mois sont des lunes,
Imans de Mahomet, mages, prêtres de Bel,
Tout fuit, tout disparaît : — plus de minaret maure,
Plus de sérail fleuri, plus d'ardente Gomorrhe
Qui jette un reflet rouge au front noir de Babel.

C'est Paris, c'est l'hiver. — A ta chanson confuse,
Odalisques, émirs, pachas, tout se refuse.

NOVEMBRE

Dans ce vaste Paris le klephte est à l'étroit;
Le Nil déborderait; les roses du Bengale
Frissonnent dans ces champs où se tait la cigale;
A ce soleil brumeux les péris auraient froid.

Pleurant ton Orient, alors, Muse ingénue,
Tu viens à moi, honteuse, et seule, et presque nue.
— N'as-tu pas, me dis-tu, dans ton cœur jeune encor
Quelque chose à chanter, ami? car je m'ennuie
A voir ta blanche vitre où ruisselle la pluie,
Moi qui dans mes vitraux avais un soleil d'or.

Puis, tu prends mes deux mains dans tes mains diaphanes;
Et nous nous asseyons, et, loin des yeux profanes,
Entre mes souvenirs je t'offre les plus doux,
Mon jeune âge, et ses jeux, et l'école mutine,
Et les serments sans fin de la vierge enfantine,
Aujourd'hui mère heureuse aux bras d'un autre époux.

Je te raconte aussi comment, aux Feuillantines,
Jadis tintaient pour moi les cloches argentines,
Comment, jeune et sauvage, errait ma liberté,
Et qu'à dix ans, parfois, resté seul à la brune,
Rêveur, mes yeux cherchaient les deux yeux de la lune,
Comme la fleur qui s'ouvre aux tièdes nuits d'été.

Puis tu me vois du pied pressant l'escarpolette
Qui d'un vieux marronnier fait crier le squelette,
Et vole, de ma mère éternelle terreur !
Puis je te dis les noms de mes amis d'Espagne,
Madrid, et son collége où l'ennui t'accompagne.
Et nos combats d'enfants pour le grand Empereur !

Puis encor mon bon père, ou quelque jeune fille
Morte à quinze ans, à l'âge ou l'œil s'allume et brille.
Mais surtout tu te plais aux premières amours,
Frais papillons dont l'aile, en fuyant rajeunie,
Sous le doigt qui la fixe est si vite ternie,
Essaim doré qui n'a qu'un jour dans tous nos jours.

15 novembre 1828.

NOTES
DU TOME DEUXIÈME

ODES

LIVRE CINQUIÈME

MON ENFANCE — ODE IX

I

PAGE 32.

Je visitai cette île en noirs débris féconde,
Plus tard, premier degré d'une chute profonde.

L'île d'Elbe, où l'on trouve une foule de vestiges volcaniques.

II

PAGE 33.

De loin, pour un tombeau je pris l'Escurial;
Et le triple aqueduc vit s'incliner ma tête
Devant son front impérial.

Le célèbre aqueduc romain de Ségovie, où l'on admire trois rangs superposés d'arcades de granit.

NOTES

BALLADES

LES DEUX ARCHERS — BALLADE VIII
PAGE 139.

LA LÉGENDE DE LA NONNE — BALLADE XIII
PAGE 175.

III

M. Louis Boulanger, à qui ces deux ballades sont dédiées, s'est placé bien jeune au premier rang de cette nouvelle génération de peintres qui promet d'élever notre école au niveau des magnifiques écoles d'Italie, d'Espagne, de Flandre et d'Angleterre. La réputation de M. Boulanger s'appuie déjà sur beaucoup d'œuvres du premier ordre, entre lesquelles nous rappellerons seulement le beau tableau de *Mazeppa*, si remarqué au dernier Salon, et cette gigantesque lithographie où il a jeté tant de vie, de réalité et de poésie sur la *Ronde du sabbat*. L'auteur de ce recueil lui a dédié ces deux ballades en signe d'admiration, de reconnaissance et d'amitié.

LA CHASSE DU BURGRAVE — BALLADE XI

IV

PAGE 151.

Le sujet de cette ballade, peut-être trop gothique de forme, est emprunté au *Recueil des traditions des bords du Rhin*.

LE PAS D'ARMES DU ROI JEAN — BALLADE XII

V

PAGE 167.

> Une marche
> De Luzarche
> Sur chaque arche
> Du pont Neuf.

Le pont aux Changeurs s'appelait aussi le pont Neuf.

LA FÉE ET LA PÉRI — BALLADE XV

VI.

PAGE 201.

Épouvantant les nuits d'une trompeuse aurore,
Là, souvent à ma voix un rouge météore
Croise en voûte de feu ses gerbes dans les airs.

L'aurore boréale.

LES ORIENTALES

LES TÊTES DU SÉRAIL.

I

PAGE 246.

Oui, Canaris, tu vois le sérail et ma tête.
Arrachée au cercueil pour orner cette fête.

Le tombeau de Marcos Botzaris, le Léonidas de la Grèce moderne, était à Missolonghi. On dit que les Turcs l'ouvrirent afin d'envoyer le crâne du héros au sultan.

Au reste, ce tombeau sera réédifié par une main française. Nous avons vu dans l'atelier de notre grand statuaire David une statue de marbre blanc destinée au mausolée de Marc Botzaris. C'est une jeune fille à demi couchée sur la pierre du sépulcre, et qui épelle avec son doigt cette grande épitaphe : BOTZARIS. Il est difficile de rien voir de plus beau que cette statue. C'est tout à la fois du grandiose comme Phidias et de la chair comme Puget.

Ainsi que plusieurs autres hommes remarquables du temps, peintres, musiciens, poëtes, M. David est aussi, lui, à la tête d'une révolution dans son art. De toutes parts l'œuvre s'accomplit.

II

Page 248.

> Et cet enfant des monts, notre ami, notre émule,
> Mayer, qui rapportait aux fils de Thrasybule
> La flèche de Guillaume Tell !

Volontaire suisse, rédacteur de la *Chronique hellénique*, mort à Missolonghi.

III

Page 249.

> O mes frères ! Joseph, évêque, vous salue.

Joseph, évêque de Rogous, mort à Missolonghi comme un prêtre et comme un soldat.

LA DOULEUR DU PACHA

IV

Page 274.

> Lui font-ils voir en rêve, aux bornes de la terre,
> L'ange Azraël, debout sur le pont de l'enfer ?

Azraël, ange turc des tombeaux.

LA CAPTIVE

V

Page 282.

> Bien loin de ces Sodomes, etc.

Voyez les *Mémoires d'Ibrahim-Manzour Effendi* sur le double sérail d'Ali-Pacha. C'est une mode turque.

CLAIR DE LUNE

VI

Page 286.

> Est-ce un djinn qui là-haut siffle d'une voix grêle,
> Et jette dans la mer les créneaux de la tour ?

Djinn, génie, esprit de la nuit. Voyez dans ce recueil les *Djinns*.

LE DERVICHE

VII

PAGE 296.

> Dieu te garde un carcan de fer
> Sous l'arbre du segjin, chargé d'âmes impies.

Le *segjin* septième cercle de l'enfer turc. Toute lumière y est obstruée par l'ombre d'un arbre immense.

MARCHE TURQUE

VIII

PAGE 306.

> Tel est, comparadjis, spahis, timariots,
> Le vrai guerrier croyant...

Comparadjis, bombardiers; *spahis*, cavaliers qui ont des espèces de fiefs et doivent au sultan un certain nombre d'années de service militaire; *timariots*, cavalerie composée de recrues, qui n'a ni uniforme ni discipline, et ne sert qu'en temps de guerre.

LA BATAILLE PERDUE

IX

PAGE 309.

Cette pièce est une inspiration de l'admirable romance espagnole, *Rodrigo en el campo de batalla*, que nous reproduisons ici, traduite littéralement, comme elle a paru en 1821 dans un extrait du *Romancero general*, publié pour la première fois en français par Abel Hugo, frère de l'auteur de ce livre.

RODRIGUE SUR LE CHAMP DE BATAILLE

C'était le huitième jour de la bataille : l'armée de Rodrigue, découragée, fuyait devant les ennemis vainqueurs.

Rodrigue quitte son camp, sort de sa tente royale, seul, sans personne qui l'accompagne.

Son cheval fatigué pouvait à peine marcher. Il s'avance au hasard, sans suivre aucune route.

Presque évanoui de fatigue, dévoré par la faim et par la soif, le malheureux roi allait, si couvert de sang, qu'il en paraissait rouge comme un charbon ardent.

Ses armes sont faussées par les pierres qui les ont frappées; le tranchant de son épée est dentelé comme une scie; son casque déformé s'enfonce sur sa tête enflée par la douleur.

Il monte sur la plus haute colline; et de là il voit son armée détruite et débandée, ses étendards jetés sur la poussière; aucun chef ne se montre au loin; la terre est couverte de sang qui coule par ruisseaux. Il pleure et dit :

« Hier j'étais roi de toute l'Espagne; aujourd'hui je ne le suis pas d'une seule ville. Hier j'avais des villes et des châteaux; je n'en ai aucuns aujourd'hui. Hier j'avais des courtisans et des serviteurs; aujourd'hui je suis seul, je ne possède même pas une tour à créneaux! Malheureuse l'heure, malheureux le jour où je suis né, et où j'héritai de ce grand empire que je devais perdre en un jour! »

On voit du reste que les emprunts de l'auteur de ce recueil, et c'est un tort sans doute, se bornent à quelques détails reproduits dans cette strophe :

> Hier j'avais des châteaux, j'avais de belles villes,
> Des Grecques par milliers à vendre aux juifs serviles.
> J'avais de grands harems et de grands arsenaux.
> Aujourd'hui, dépouillé, vaincu, proscrit, funeste,
> Je fuis... De mon empire, hélas! rien ne me reste :
> Allah! je n'ai plus même une tour à créneaux!

M. Émile Deschamps, qui nous a fourni l'épigraphe de cette pièce, a dit, dans sa belle traduction de cette belle romance :

> Hier j'avais douze armées,
> Vingt forteresses fermées,
> Trente ports, trente arsenaux...
> Aujourd'hui, pas une obole,
> Pas une lance espagnole,
> Pas une tour à créneaux!

La rencontre était inévitable. Au reste, M. Émile Deschamps est seul en droit de dire qu'il s'est *inspiré* de l'original espagnol, parce qu'en effet, indépendamment de la fidélité à tous les détails importants, il y a dans son œuvre inspiration et création. Il s'est emparé de la romance gothe, l'a reformée, l'a refondue et l'a jetée dans notre vers français, plus riche, plus variée dans ses formes, plus large et en quelque sorte reciselée. Son *Rodrigue pendant la bataille* n'est pas la moindre parure de son beau recueil.

L'ENFANT

X

PAGE 319.

> Où le fruit du tuba, de cet arbre si grand,
> Qu'un cheval au galop met toujours en courant
> Cent ans à sortir de son ombre.

Voyez le Coran pour l'arbre tuba comme pour l'arbre du ségjin. Le paradis des Turcs, comme leur enfer, a son arbre.

NOURMAHAL LA ROUSSE

XI

PAGE 349.

Nourmahal est un mot arabe qui veut dire *lumière de la maison*. Il ne faut pas oublier que les cheveux roux sont une beauté pour certains peuples de l'Orient.

Quoique cette pièce ne soit empruntée à aucun texte oriental, nous croyons que c'est ici le lieu de citer quelques extraits absolument inédits de poëmes orientaux qui nous paraissent à un haut degré remarquables et curieux. La lecture de ces citations accoutumera peut-être le lecteur à ce qu'il peut y avoir d'étrange dans quelques-unes des pièces qui composent ce volume. Nous devons la communication de ces fragments, publiés ici pour la première fois, à un jeune écrivain de savoir et d'imagination, M. Ernest Fouinet, qui peut mettre une érudition d'orientaliste au service de son talent de poëte. Nous conservons scrupuleusement sa traduction ; elle est littérale, et par conséquent, selon nous, excellente.

LA CHAMELLE

La chamelle s'avance dans les sables de Thamed.
Elle est solide comme les planches d'un cercueil, quand je la pousse sur un sentier frayé, comme un manteau couvert de raies.

Elle dépasse les plus rapides, et rapidement son pied de derrière chasse son pied de devant.

Elle obéit à la voix de son conducteur, et de sa queue épaisse elle repousse les caresses violentes du chameau au poil roux.

D'une queue qui semble une paire d'ailes d'aigle que l'on aurait attachée à l'os avec une alêne.

D'une queue qui, tantôt frappe le voyageur, tantôt une mamelle aride, tombante, ridée comme une outre.

Ses cuisses sont d'une chair compacte, pleine, et ressemblent aux portes élevées d'un château fort.

Les vertèbres de son dos sont souples; ses côtes ressemblent à des arcs solides.

Ses jambes courbées se séparent quand elle court, comme les deux seaux que porte un homme du puits à sa tente.

Les traces des cordes sur ses flancs semblent des étangs desséchés et remplis de cailloux épars sur la terre aride.

Son crâne est dur comme l'enclume : celui qui le touche croit toucher une lime.

Sa joue est blanche comme du papier de Damas, ses lèvres noirâtres comme du cuir d'Yémen, dont les courroies ne se rident point.

Enfin, elle ressemble à un aqueduc dont le constructeur grec a couvert de tuiles le sommet.

Ce morceau fait partie de la *Moallakat* de Tarafa.

Tous les sept ans, avant l'islamisme, les poëtes de l'Arabie concouraient en poésie, à une foire célèbre, dans un lieu nommé Occadh. La cassideh (chant) qui avait été jugée la meilleure obtenait l'honneur d'être *suspendue* aux murailles du temple de la Mecque : on a conservé sept de ces poëmes ainsi couronnés. *Moallakat* veut dire *suspendue*.

LA CAVALE

La cavale qui m'emporte dans le tumulte a les pieds longs, les crins épars, blanchâtres, se déployant sur son front.

Son ongle est comme l'écuelle dans laquelle on donne à manger à un enfant. Il contient une chair compacte et ferme.

Ses talons sont parfaits, tant les tendons sont délicats.

Sa croupe est comme la pierre du torrent qu'a polie le cours d'une eau rapide [1].

Sa queue est comme le vêtement traînant de l'épouse [2]...

A voir ses flancs maigres, on croirait un léopard couché.

Son cou est comme le palmier élevé entre les palmiers, auquel a mis le feu un ennemi destructeur [3].

Les crins qui flottent sur les côtés de sa tête sont comme les boucles des femmes qui traversent le désert, montées sur des cavales, par un jour de vent.

Son front ressemble au dos d'un bouclier fabriqué par une main habile.

Ses narines rappellent l'idée d'un antre de bêtes féroces et d'hyènes, tant elles soufflent violemment.

Les poils qui couvrent le bas de ses jambes sont comme des plumes d'aigle noir, qui changent de couleur quand elles se hérissent.

Quand tu la vois arriver à toi, tu dis : C'est une sauterelle verte qui sort de l'étang.

Quand elle s'éloigne de toi, tu dirais : C'est un trépied solide qui n'a aucune fente [4].

Si tu la vois en travers, tu diras : Ceci est une sauterelle qui a une queue et la tend en arrière.

Le fouet, en tombant sur elle, produit le bruit de la grêle.

Elle court comme une biche que poursuit un chasseur.

Elle fait des sauts pareils au cours des nuages qui passent sur la vallée sans l'arroser, et qui vont se verser sur une autre.

Que les lecteurs d'un esprit prompt exercent sur ce tableau les forces de leur imagination, s'écrie, à propos de ce beau et bizarre passage, ce bon Allemand Reiske, qui préférait si énergiquement le *chameau frugal de Tarafa au cheval Pégase.*

---

[1] L'auteur a traduit ce passage dans les *Adieux de l'hôtesse arabe* :

Ses pieds fouillent le sol, sa croupe est belle à voir.
Ferme, ronde et luisante, ainsi qu'un rocher noir
Que polit une onde rapide.

[2] Il y a ici quelque chose de tout à fait primitif et qui pourrait tout au plus se traduire en latin.

[3] Son cou est fumant.

[4] Ceci est dans les mœurs : on dresse un trépied dans le désert pour faire l cuisine.

TRAVERSÉE DU DÉSERT PENDANT LA NUIT

Je me plonge dans les anfractuosités des précipices, dans les solitudes où sifflent les djinns et les goules.

Par une nuit sombre, dans une effusion de ténèbres, je marchais, et mes compagnons flottaient comme des branches, par l'effet du sommeil.

C'était une obscurité vaste comme la mer, horrible, au sein de laquelle le guide s'égarait ; qui retentit des cris du hibou, où périt le voyageur effrayé.

PENDANT LE JOUR

On entendait le vent gémir dans les profondeurs des précipices.

Et nous marchions à l'heure de midi, traversant les souffles brûlants et empestés qui mettent en fusion les fibres du cerveau.

Ma chamelle était rapide comme le *katha*[1] qui traverse le désert,

Qui y vient chercher de l'eau, et se jette sur une source dont on n'a jamais approché, tant elle est entourée de solitudes impénétrables.

De même, je m'enfonce dans une plaine poussiéreuse, dont le sable agité ressemble à un vêtement rayé[2].

Je me plonge dans l'abîme de vapeurs dans lesquelles les bornes[3] ressemblent à des pêcheurs assis sur des écueils au bord de la mer.

Ma chamelle passait où il n'y avait pas de route, où il n'y avait pas d'habitants.

Et elle faisait voler la poussière : car elle passait comme la flèche lorsqu'elle fuit l'arc qui lance au loin.

Ces deux tableaux sont d'*Omaïah ben Aïedz*, poëte de la tribu poétique des Hudeïlites, qui habitait au couchant de la Mecque.

---

[1] Oiseau du désert qui vole d'instinct à toutes les sources d'eau.

[2] Cette belle et pittoresque expression a été traduite par l'auteur dans cette strophe de *Mazeppa* :

> Et, si l'infortuné, dont la tête se brise,
> Se débat, le cheval, qui devance la brise,
>   D'un bond plus effrayé
> S'enfonce au désert vaste, aride, infranchissable,
> Qui devant eux s'étend avec ses plis de sable,
>   Comme un manteau rayé

[3] Qui indiquent les chemins.

Voici un fragment, plus ancien encore, admirable de profondeur et de mélancolie : c'est beau autrement que Job et Homère, mais c'est aussi beau.

La fortune m'a fait descendre d'une montagne élevée dans une vallée profonde.
La fortune m'avait élevé par la profusion de ses richesses; à présent je n'ai d'autre bien que l'honneur.
Le sort me fait pleurer aujourd'hui : combien il m'a fait sourire autrefois!
Si ce n'étaient des filles à moi, faibles et tendres comme le duvet des petits kathas[1],
Certes, j'aimerais être agité de long en large sur la terre;
Mais nos enfants sont comme nos entrailles, nous en avons besoin.
Mes enfants! si le vent soufflait sur un d'eux, mes yeux resteraient fixes.

RENCONTRE DES TRIBUS

Ils se précipitèrent avec violence sur la tribu, et dispersèrent l'avant-garde comme un troupeau d'ânes sauvages; mais ils rencontrèrent un nuage plein de grêle[2].
Les lances, en se plongeant dans le sang, rendaient un son humide comme celui de la pluie qui tombe dans la pluie[3]; les épées, en frappant, produisaient un son sec comme quand on fend du bois.
Les arcs rendaient des sifflements confus comme ceux d'un vent du sud qui pousse une eau glacée.
On eût dit que les combattants étaient sous un nuage d'été qui s'épure en versant sa pluie, tandis que de petites nuées amoncelées lancent leurs éclairs.

Le morceau suivant, qui est de Rabiah ben al Kouden, nous semble remarquable par le désordre lyrique des idées. Il est curieux de voir de quelle façon les images s'engendrent une à une dans le cerveau du poëte, et de retrouver Pindare sous la tente de l'Arabe.

Tous les soirs suis-je donc condamné à être poursuivi de l'ombre de

---

[1] Oiseaux du désert.
[2] Le poëte ne se serait point borné à dire *un nuage* dans ce cas : un nuage est bienfaisant pour les Arabes. Mais il dit un nuage *plein de grêle*, malfaisant.
[3] La langue française n'a pas de mot pour rendre ce bruit de l'eau qui tombe dans l'eau : les Anglais ont une expression parfaite, *splash*. Le mot arabe est bien imitatif aussi, *ghachghachà*.

Chemmâ? Quoiqu'elle ait éloigné de moi sa demeure, causera-t-elle mon insomnie?

A l'heure de la nuit je vois, de son côté, s'élever vers la contrée de Riân un éclair vacillant qui vibre.

Je veille pour le regarder: il ressemble à la lampe de l'ennemi, brillant dans une citadelle bien fermée, inaccessible.

O mère d'Omar! c'est une tour que redoute le vil poltron; sa tête se lève comme une pointe aiguë.

Les petits nuages blancs s'arrêtent sur son sommet; on dirait les fragments de toile que tend un tisserand.

J'y ai monté: les étoiles, enlacées comme un filet, la touchaient; j'y ai atteint avant que l'aurore fût complète.

Les étoiles, tendant vers le couchant, semblaient ces blanches vaches sauvages qui s'enfuient du bord de l'étang où elles s'abreuvaient.

J'avais un arc jaune que la main aimait toucher; mais moi seul l'avais touché; comme une femme chaste, nul ne l'avait tenu que moi.

J'étendis sur mon arme mon vêtement, qui l'a protégée toute la nuit contre la pluie qui s'entrelaçait dans l'air.

Le chemin qui conduit au château est uni comme le front d'une épouse, et je ne m'aperçus pas de sa longueur.

Les rangs de pierres qui le bordent sont comme les deux os qui s'élèvent de chaque côté de la tête[1].

Les extraits qu'on va lire sont du *Hamasa*, et sont inédits, en France du moins, car une édition de ce grand recueil s'imprime en Allemagne avec une version latine.

Kotri ben al Fedjat el Mazeni dit:

Au jour de la mêlée, aucun de vous n'a été détourné par les nombreux dangers de mort.

Il semblait que j'étais le but des lances[2], tant il m'en venait de la droite et de devant moi!

Tant ce qui coulait de mon sang et du sang que je faisais couler colora ma selle et le mors de mon cheval!

Et je revins: j'avais frappé; car je suis comme le cheval de deux ans, qui a toute sa croissance; je suis comme le cheval de cinq ans, qui a toutes ses dents.

[1] Les tempes.
[2] L'anneau dans lequel on s'exerce à viser.

NOTES

Chemidher el Is'ami, du temps de l'Islam, dit :

(Après avoir tué celui qui avait tué son frère par surprise.)

Enfants de mon oncle! ne me parlez plus de poésie, après l'avoir enterrée dans le désert de Ghomeïr[1].

Nous ne sommes pas comme vous, qui attaquez sans bruit; nous faisons face à la violence, et nous jugeons en *cadis*.

Mais nos arrêts contre vous, ce sont les épées, et nous sommes contents quand les épées le sont[2].

J'ai souffert de voir la guerre s'étendre entre nous et vous, enfants de mon oncle! C'est cependant une chose naturelle.

Du temps de l'Islam, Oueddak ben Tsomeïl el Mazeni dit :

(La tribu de Mazen, dont faisait partie le poëte, possédait près de *Barrah* un puits nommé *Safouan*. Les *Benou Scheïban* le lui disputèrent. Tel est le sujet.)

Doucement, *Benou Scheïban*, ceux qui nous menacent parmi vous rencontreront demain une bonne cavalerie près de Safouan.

Des chevaux choisis, que n'intimide point le bruit du combat quand l'étroit champ de bataille se rapproche.

Et des hommes intrépides dans la mêlée : ils s'y jettent, et chacun de leurs pas porte une épée d'Yémen, aux deux tranchants affilés.

Ils sont superbes, vêtus de cuirasses; ils ont des coups à porter pour toutes les blessures.

Vous les rencontrerez, et vous reconnaîtrez des gens patients dans le malheur.

Quand on les appelle au secours, ils sont toujours prêts, et ne demandent point pour quelle guerre où en quel lieu.

Salma ben Iezid al Djofi sur la mort d'un frère :

Je dis à mon âme, dans la solitude, et je la blâme : — Est-ce là de la constance et de la fermeté?

Est-ce que tu ne sais pas que, depuis que je vis, je n'ai rencontré ce frère qu'au moment où le tombeau s'est ouvert entre lui et moi?

Je semblais comme la mort, à cette séparation d'une nuit, et quelle séparation que celle qui ne doit cesser qu'au jour du jugement!

---

[1] Vous avez fui, vous vous êtes déshonorés, ou : vous avez enterré la poésie, source de toute gloire.

[2] Quand elles sont ébréchées à force de frapper, dit le commentateur; qu'importe le commentateur!

Ce qui calmait ma douleur, c'était de penser qu'un jour je le suivrais, quelque douce que soit la vie!

C'était un jeune homme vaillant, qui donnait à l'épée son dû dans le combat.

Quand il était riche, il se rapprochait de son ami; il s'en éloignait quand il était pauvre.

FRAGMENTS

Que Dieu aie pitié de Modrek, au jour du compte et de la réunion des martyrs[1].

Bon Modrek, il regardait son compagnon de route comme un voisin, même quand ses provisions de voyage ballottaient dans le sac.

— *Auteur inconnu!* —

Rita, fille d'Asem, dit :

Je me suis arrêtée devant les tentes de ma tribu, et la douleur et les soupirs des pleureuses m'ont fait verser des larmes.

Comme des épées du *Hind*, ils couraient s'abreuver de mort dans le champ de bataille.

Ces cavaliers étaient les gardiens des tentes de la mort, et leurs lances étaient croisées comme les branches dans une forêt.

Abd ebn al Tebib dit :

La paix de Dieu soit sur Keïs ben Asem, et sa miséricorde!

La mort de Keïs ne fut point la mort d'un seul, mais l'écroulement de l'édifice d'un peuple.

Ces quatre derniers morceaux sont tirés de la seconde partie du *Hamasa* : cette seconde partie a pour titre : *Section des chants de mort*.

Les morceaux qui suivent sont extraits du divan de la tribu de Hodeil:

Taabatà Cherrán (un des héros du désert) et deux de ses compagnons rencontrèrent *Barik* : celui-ci s'éloigna d'eux, monta sur

[1] De l'Islam.

un rocher, ensuite il répandit ses flèches à terre. — Oh! l'un de vous, dit-il, sera mort le premier; un autre le suivra, et, quant au troisième, je le secouerai comme le vent fait de la poussière. Et Barik fit là-dessus ces vers :

C'était dans le pays de Thabit[1], et ses deux compagnons le suivaient.
Il excitait ses compagnons, et je dis : — Doucement! la mort vient à celui qui vient à elle,
Et je montrais mon carquois dans lequel il y avait des flèches longues et qui, comme le feu, avaient des pointes brillantes.
— Il y en aura de vous un de mort avant moi : je fais grâce au plus vil des trois pour annoncer votre mort!...
L'un suivra l'autre; quant au troisième et à moi, nous ferons comme un tourbillon de poussière...
Thabit regarda le monticule qui le dominait, et s'y dirigea pour l'atteindre.
Il dit : A lui et à vous deux! — J'ai passé contre la mort, enfin je l'ai laissée le tendon coupé (impuissante).

La fin de ce poëme est un peu obscure; c'est le défaut de toute haute poésie, et surtout de la poésie spéciale et primitive.

FRAGMENTS

Tu as loué Leïla en rimes qui, par leur enchaînement, donnent l'idée d'une étoffe rayée d'Yémen.
....
Est-ce que les grasses et pesantes queues de brebis, mangées avec le lait aigre, sont comme le lait doux et crémeux des chamelles paissant des herbes douces, mangées avec la bosse délicate du chameau?
Est-ce que l'odeur du genévrier et de l'âcre *cheth* [2] ressemble à l'odeur de la violette sauvage (*khozama*), ou au frais parfum de la giroflée?
....
On dirait que tu ne connais d'autre femme qu'*Omm Nafi*.
On dirait que tu ne connais pas d'autre ombre, dont les hommes puissent désirer le frais, que son ombre, et aucune beauté sans elle.
....
Est-ce que Omm Naufel nous a réveillés pour partir dans la nuit? Aise et bonheur au voyageur nocturne qui hâte le pas!

---

[1] Nom de Taabat à Cherrân.
[2] Herbe qui sert à tanner.

Elle nous a réveillés, comme dans le désert sablonneux d'Alidj Omaya a tiré du sommeil ceux de la tribu de Madjdel;

Elles s'avancent toutes deux la nuit, de peur que les chameaux fatigués ne les laissent dans l'embarras.

J'ai vu, et mes compagnons l'ont vu aussi, le feu d'Oueddan sur une éminence. C'était un bon feu, un feu bien flambant.

Quand ce feu languit, étouffé par la brume, tout à coup on le voit se ranimer en couronnes de flammes.

J'ai dit à mes compagnons : Suivez-moi ; et ils descendirent de leurs chevaux bon coureurs, sveltes.

Nous nous reposâmes un court instant, comme le katha, et les chamelles rapides aux jambes écartées nous emportèrent.

Il y a encore de l'obscurité dans ces fragments, mais il nous semble que la grâce et le sublime percent au travers.

Voici le début d'un poëme composé par Schanfari, poëte de la tribu d'Azed et coureur de profession :

Enfants de ma mère! montez sur vos chameaux; moi, je me dirige vers d'autres gens que vous.

Les choses du voyage sont prêtes, la lune brille, les chameaux sont sanglés et sellés.

Il est sur la terre un lieu où l'on ne craint point la haine, un refuge contre le mal.

Par ma vie, la terre n'est jamais étroite pour l'homme sage qui sait marcher la nuit vers l'objet de ses désirs, ou loin de l'objet de ses craintes.

J'aurai d'autres compagnons que vous : un loup endurci à la course, un léopard leste; avec eux, on ne craint point de voir son secret trahi.

Tous sont braves, repoussent l'insulte ; et moi, comme eux, je m'élance sur l'ennemi à la première attaque!

Quel ton de grandeur, de tristesse et de fierté dans ce début! Tel est le caractère général de ces poëmes de cent vers au plus que les Arabes nomment *cassideh*.

NOTES

Un autre poëte du divan de *Bochteri*, recueil de poésies d'hommes inconnus, fleurs du désert dont il ne reste plus que le parfum, dit :

Quand je vis les premiers ennemis paraître à travers les tamarins et les arbres épineux de la vallée,
Je pris mon manteau sans me tourner vers personne : je haïssais l'homme comme le hait le chameau à qui l'on vient de percer les narines[1].

Des Arabes aux Persans la transition est brusque; c'est comme une nation de femmes après un peuple d'hommes. Il est curieux de trouver, à côté de ce que le génie a de plus simple, de plus mâle, de plus rude, l'esprit, rien que l'esprit, avec tous ses raffinements, toutes ses manières efféminées; la barbarie primitive, la dernière corruption; l'enfance de l'art et la décrépitude. C'est le commencement et la fin de la poésie qui se touchent. Au reste, il y a beaucoup d'analogie entre la poésie persane et la poésie italienne. Des deux parts, madrigaux, concetti, fleurs et parfums. Peuples esclaves, poésies courtisanesques. Les Persans sont les Italiens de l'Asie.

GHAZEL

Si je voyais cette enchanteresse dans mon sommeil, je lui ferais le sacrifice de mon esprit et de ma foi;
Si un instant je pouvais placer mon front sous la plante de son pied,
Je ne tournerais plus mon visage vers la terre.
Si elle me disait : Ce pied est un esclave dans ma cour,
Je placerais ce pied sur la neuvième sphère céleste;
Oh! ne dénoue pas ces tresses à l'odeur de jasmin;
Ne fais pas honte aux parfums de la Chine.
Oh! Rafi-Eddin, avec candeur et sincérité, fais de la poussière qu'elle foule le chemin de ton front.

— Rafi-Eddin. —

[1] Pour placer l'anneau qui sert à le conduire.

AUTRE

Quel est le plus épars de tes cheveux ou de mes sens? Quel est l'objet le plus petit, ta bouche ou le fragment de mon cœur brisé?
Est-ce la nuit qui est la plus noire, ou ma pensée, ou le point qui orne ta joue? Quel est le plus droit, de ta taille, d'un cyprès, ou de mes paroles d'amour?
Qui va chercher les cœurs, ton approche ou mes vers qui épanouissent l'âme? Quel est le plus pénible, de tes refus ou de mes plaintes qui brûlent?
— Chahpour Abhari. —

Mais assez d'antithèses; voici un *ghazel* d'une vraie beauté, d'une beauté arabe :

Ceux qui volent à la recherche de la Caaba[1], quand ils ont atteint le but de leurs fatigues,
Voient une maison de pierre, haute, révérée, au milieu d'une vallée sans culture;
Ils y entrent, afin d'y voir Dieu, ils le cherchent longtemps et ne le voient point.
Quand avec tristesse ils ont parcouru la maison, ils entendent une voix au-dessus de leurs têtes :
O adorateurs d'une maison, pourquoi adorer de la pierre et de la boue? Adorez l'autre maison, celle que cherchent les élus!
— Djelal Eddin Rumi. —

Ce poëte est célèbre dans l'Orient. Il était très-avancé dans le mysticisme des soufis, dont les hauts degrés sont un état de quiétude complète, d'*anéantissement* : c'est le mot dont ils se servent.

Ferideddin Attar, dans son poëme mystique *le Langage des oi-*

---

[1] Maison apportée du ciel par les anges, et où Abraham professa la doctrine d'un Dieu unique. Une autre tradition raconte que c'est le lieu où se rencontrèrent Adam et Ève après une longue séparation sur la terre. Ce temple fut, dès la plus haute antiquité, le point du pèlerinage des Arabes, que les musulmans continuent d'observer.

seaux, définit d'une façon remarquable cet état d'anéantissement ou de *pauvreté*, comme ils disent encore :

L'essence de cette région est l'oubli ; c'est la surdité, le mutisme, l'évanouissement.
Un seul soleil efface à tes yeux mille ombres.
L'océan universel, s'il s'agite, comment les figures tracées sur les eaux resteront-elles en place ?
Les deux mondes, le présent et l'avenir, sont les images que présente cette mer ; celui qui dit : Ce n'est rien, est dans une bonne voie.
Quiconque est plongé dans l'océan du cœur a trouvé le repos dans cet anéantissement ;
Le cœur plein de repos dans cet océan, le cœur n'y trouve autre chose que le *ne-pas-être*.

(Notes du *Pend-Namèh* de *Ferideddin Attar*, publié par M. S. de Sacy.)

Voici six beaux vers de *Ferdoussi*, le célèbre auteur de Chah-Namèh (*Livre des rois*) :

Quand la poussière se leva à l'approche de l'armée,
Les joues de nos illustres soldats devinrent pâles ;
Alors je levai cette hache de lekchm [1],
Et d'un coup je fis un passage à mon armée.
Mon coursier poussait des cris comme un éléphant furieux,
La plaine était agitée comme les flots du Nil.

Jones a publié ce fragment en anglais. *Togrul ben Arslan*, le dernier des *Seljoukides*, répéta ces vers à haute voix dans la bataille où il périt.

Le commencement du poëme de *Sohrab*, dans Ferdoussi, ne nous semble pas moins remarquable :

J'ai appris d'un mobed [2] que Rustem se leva dès le matin.
Son esprit était chagrin ; il se prépara à la chasse ; il ceignit sa masse, et remplit son carquois de flèches.
Il sortit ; il sauta sur Rakch [3], et fit partir ce cheval à forme d'éléphant.

[1] *Surnom de Sam, fils de Nerimam*; Sam était le père de Rustem, et c'est ce héros qui se bat armé de la hache de son père.
[2] Prêtre des mages.
[3] Son cheval.

Il tournait la tête vers la frontière du Touran, comme un lion furieux qui a vu le chasseur.

Quand il fut arrivé aux bornes du Touran, il vit le désert plein d'ânes sauvages.

Le donneur de couronnes (Rustem) rougit comme la rose; il fit un mouvement et lança Rakch.

Avec les flèches, et la masse, et le filet, il jeta à terre des troupes de gibier.

Nous terminons ces extraits par un *pantoum* ou chant malais d'une délicieuse originalité :

PANTOUM MALAIS

Les papillons jouent alentour sur leurs ailes :
Ils volent vers la mer, près de la chaîne des rochers.
Mon cœur s'est senti malade dans ma poitrine
Depuis mes premiers jours jusqu'à l'heure présente.

Ils volent vers la mer, près de la chaîne des rochers...
Le vautour dirige son essor vers *Bandam*.
Depuis mes premiers jours jusqu'à l'heure présente
J'ai admiré bien des jeunes gens.

Le vautour dirige son essor vers *Bandam*,
Et laisse tomber de ses plumes à *Patani*.
J'ai admiré bien des jeunes gens;
Mais nul n'est à comparer à l'objet de mon choix.

Il laisse tomber de ses plumes à Patani...
Voici deux jeunes pigeons !
Aucun jeune homme ne peut se comparer à celui de mon choix,
Habile comme il l'est à toucher le cœur.

Nous n'avons point cherché à mettre de l'ordre dans ces citations. C'est une poignée de pierres précieuses que nous prenons au hasard et à la hâte dans la grande mine d'Orient.

ROMANCE MAURESQUE

XII

PAGE 361.

Il y a deux romances, l'une arabe, l'autre espagnole, sur la vengeance que le bâtard Mudarra tira de son oncle Rodrigue de Lara, assassin de ses frères. La romance espagnole a été publiée en français dans la traduction que nous avons déjà citée (note IX). Elle est belle, mais l'auteur de ce livre a souvenir d'avoir lu quelque part la romance mauresque traduite en espagnol, et il lui semble qu'elle était plus belle encore. C'est à cette dernière version plutôt qu'au poëme espagnol que se rapporte la sienne, si elle se rapporte à l'une des deux. La romance castillane est un peu sèche : on y sent que c'est un Maure qui a le beau rôle.

Il serait bien temps que l'on songeât à républier, en texte et traduit sur les rares exemplaires qui en restent, le *Romancero general* mauresque et espagnol, trésors enfouis et tout près d'être perdus. L'auteur le répète ici : ce sont deux Iliades, l'une gothique, l'autre arabe.

LES BLUETS

XIII

PAGE 373.

Nous avons cru devoir scrupuleusement conserver l'orthographe des vers placés comme épigraphe en tête de cette pièce...

Si es verdad o non yo no he hy de ver,
Pero non lo quiero en olvido poner.

Ces vers, empruntés à un poëte curieux et inconnu, Segura de Astorga sont de fort vieil espagnol. Si nous n'avions craint d'enlever sa physionomie au vieux *Joan* (et non pas Juan), il aurait fallu écrire : *Si es verdad o no yo no le he* aqui *de ver, pero no le quiero en olvido poner.* Hy, dans le passage ci-dessus, est pour *aqui*, comme il est pour *alli* dans un autre passage du même poëte qui sert d'épigraphe à *Nourmahal la Rousse* :

No es bestia que non fus *hy* trobada;

non fus pour *no fuese.*

NOTES

BOUNABERDI
XIV
PAGE 409.

Le nom de *Buonaparte*, dans les traditions arabes, est devenu *Bounaberdi*. Voyez à ce sujet une note curieuse du beau poëme de MM. Barthélemy et Méry, *Napoléon en Égypte*.

LUI
XV
PAGE 415.

Qu'il hante de Pœstum l'auguste colonnade.

Il eût fallu dire la route de Pœstum ; car de Pœstum même on ne voit pas le Vésuve.

NOVEMBRE
XVI
PAGE 419.

Je te raconte aussi comment, aux Feuillantines,
Jadis tintaient pour moi les cloches argentines.

L'ancien couvent des Feuillantines, quartier Saint-Jacques, où s'est écoulée une partie de l'enfance de l'auteur.

FIN DU TOME DEUXIÈME

TABLE

DU DEUXIÈME VOLUME

ODES

LIVRE CINQUIÈME — 1819-1828

ODE PREMIÈRE. — Premier soupir.	3
ODE DEUXIÈME. — Regret.	7
ODE TROISIÈME. — Au vallon de Cherizi.	11
ODE QUATRIÈME. — A toi.	15
ODE CINQUIÈME. — La chauve-souris.	19
ODE SIXIÈME. — Le nuage.	23
ODE SEPTIÈME. — Le cauchemar.	25
ODE HUITIÈME. — Le matin.	27
ODE NEUVIÈME. — Mon enfance.	29
ODE DIXIÈME. — A G..... y.	35
ODE ONZIÈME. — Paysage.	37
ODE DOUZIÈME. — Encore à toi.	41
ODE TREIZIÈME. — Son nom.	45

ODE QUATORZIÈME. — Actions de grâces	49
ODE QUINZIÈME. — A mes amis	53
ODE SEIZIÈME. — A l'ombre d'un enfant	57
ODE DIX-SEPTIÈME. — A une jeune fille	59
ODE DIX-HUITIÈME. — Aux ruines de Montfort-l'Amaury	61
ODE DIX-NEUVIÈME. — Le voyage	65
ODE VINGTIÈME. — Promenade	71
ODE VINGT ET UNIÈME. — A Ramon, duc de Benav	75
ODE VINGT-DEUXIÈME. — Le portrait d'une enfant	81
ODE VINGT-TROISIÈME. — A madame la comtesse A. H.	85
ODE VINGT-QUATRIÈME. — Pluie d'été	87
ODE VINGT-CINQUIÈME. — Rêves	91

BALLADES — 1823-1828

BALLADE PREMIÈRE. — Une fée	103
BALLADE DEUXIÈME. — Le sylphe	107
BALLADE TROISIÈME. — La grand'Mère	113
BALLADE QUATRIÈME. — A Trilby, le lutin d'Argaïl	117
BALLADE CINQUIÈME. — Le géant	123
BALLADE SIXIÈME. — La fiancée du timbalier	127
BALLADE SEPTIÈME. — La mêlée	133
BALLADE HUITIÈME. — Les deux archers	139
BALLADE NEUVIÈME. — Écoute-moi, Madeleine	145
BALLADE DIXIÈME. — A un passant	149
BALLADE ONZIÈME. — La chasse du burgrave	151
BALLADE DOUZIÈME. — Le pas d'armes du roi Jean	163
BALLADE TREIZIÈME. — La légende de la nonne	175
BALLADE QUATORZIÈME. — La ronde du sabbat	185
BALLADE QUINZIÈME. — La fée et la péri	193

TABLE

LES ORIENTALES

Préface..	205
I. Le feu du ciel.....................................	217
II. Canaris...	235
III. Les têtes du sérail.............................	241
IV. Enthousiasme...................................	253
V. Navarin...	257
VI. Cri de guerre du mufti........................	271
VII. La douleur du pacha.........................	273
VIII. Chanson de pirates...........................	277
IX. La captive..	281
X. Clair de lune.....................................	285
XI. Le voile...	287
XII. La sultane favorite............................	291
XIII. Le derviche.....................................	295
XIV. Le chateau fort................................	299
XV. Marche turque..................................	303
XVI. La bataille perdue............................	309
XVII. Le ravin..	315
XVIII. L'enfant.......................................	317
XIX. Sara la baigneuse.............................	321
XX. Attente...	327
XXI. Lazzara...	329
XXII. Vœu..	333
XXIII. La ville prise.................................	337
XXIV. Adieu de l'hôtesse arabe..................	339
XXV. Malédiction...................................	343
XXVI. Les tronçons du serpent...................	345
XXVII. Nourmahal la Rousse.....................	349
XXVIII. Les djinns...................................	353
XXIX. Sultan Achmet..............................	359
XXX. Romance mauresque........................	361

XXXI.	Grenade	367
XXXII.	Les bluets	375
XXXIII.	Fantômes	379
XXXIV.	Mazeppa	387
XXXV.	Le Danube en colère	395
XXXVI.	Rêverie	401
XXXVII.	Extase	403
XXXVIII.	Le poëte au calife	405
XXXIX.	Bounaberdi	409
XL.	Lui	411
XLI.	Novembre	417
NOTES		421

FIN DE LA TABLE DU DEUXIÈME VOLUME

PARIS — IMPRIMERIE DE E. MARTINET, RUE MIGNON, 2

ŒUVRES COMPLÈTES
DE
ALFRED DE MUSSET
10 VOLUMES IN-8° CAVALIER VÉLIN
ORNÉS DU PORTRAIT DE L'AUTEUR
ET DE 28 DESSINS DE BIDA GRAVÉS SUR ACIER

Prix : 80 francs

ŒUVRES
DE
VICTOR HUGO
POÉSIE — DRAME — ROMAN — ŒUVRES DIVERSES
20 VOLUMES IN-8° CAVALIER, 100 GRAVURES

Prix : 120 francs

ŒUVRES COMPLÈTES
DE
H. DE BALZAC
20 VOLUMES IN-8° ORNÉS DE 140 GRAVURES

Prix : 120 francs

PARIS. — IMPRIMERIE DE E. MARTINET, RUE MIGNON, 2

www.ingramcontent.com/pod-product-compliance
Lightning Source LLC
Chambersburg PA
CBHW072113220426
43664CB00013B/2105